LA ABUNDANCIA ESTÁ SERVIDA

Diseño de portada: Editorial Sirio, S.A.
Maquetación de interior: Toñi F. Castellón

© de la edición original
2021, Dora Gil

© de la presente edición
EDITORIAL SIRIO, S.A.
C/ Rosa de los Vientos, 64
Pol. Ind. El Viso
29006-Málaga
España

www.editorialsirio.com
sirio@editorialsirio.com

I.S.B.N.: 978-84-18531-60-6
Depósito Legal: MA-1097-2021

Impreso en Imagraf Impresores, S. A.
c/ Nabucco, 14 D - Pol. Alameda
29006 - Málaga

Impreso en España

Puedes seguirnos en Facebook, Twitter, YouTube e Instagram.

El papel utilizado para la impresión de este libro está **libre de cloro** elemental (ECF) y su procedencia está certificada por una entidad independiente, no gubernamental, que promueve la sostenibilidad de los bosques. 

DORA GIL

LA ABUNDANCIA ESTÁ SERVIDA

Descubriendo la nutrición del instante presente

EDITORIAL SIRIO

A José Manuel,
silencioso sostenedor
de este hermoso viaje.

ÍNDICE

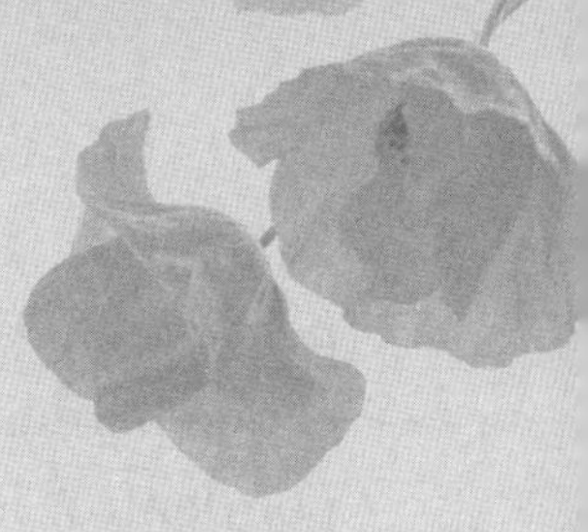

PREFACIO

ste libro que te has animado a leer es una recopilación de escritos que han ido surgiendo de una apasionante investigación que anima mi vida: la nutrición. Compartiré contigo experiencias que me han marcado profundamente y también la comprensión que he ido extrayendo de ellas.

Es posible que alguna de mis aventuras te resulte chocante, rara, incluso loca. Si miras más de cerca, quizás descubras que los mismos principios que a mí me van guiando en relación con la alimentación, tal vez te inspiran a ti en tus propios temas vitales, esos que más te preocupan y a los que más atención dedicas.

Aunque parece versar sobre nutrición, en realidad este libro es solo una puerta hacia el descubrimiento de una nueva mirada, la del amor, posible en toda experiencia sin exclusión. Sus páginas están dedicadas a nuestra más preciosa relación: la que vivimos con la vida en cada instante. En ella se nos ofrece siempre una fuente exuberante de abundancia que nos solemos perder al fugarnos a la mente pensante, ese reducto en el que perdemos la visión de la verdad, encogiéndonos por dentro.

Mi profundo anhelo es compartir contigo una nueva perspectiva, ilimitada y disponible para nosotros momento a momento. Aquí y ahora, subyaciendo a las supuestas necesidades y condicionamientos en los que hemos creído, existe un campo infinito, lleno de posibilidades inexploradas que quedó dormido cuando nos creímos separados del todo. Somos ese campo, siempre disponible para fundirnos en él, disfrutarlo y sentirnos profundamente nutridos.

No suele ser esa nuestra experiencia habitual, pues al habernos creído escindidos de la totalidad, nuestras relaciones se han circunscrito y limitado dramáticamente a momentos puntuales, a circunstancias concretas en las que tratamos de llenar el vacío que sentimos a través de personas, alimentos, actividades o posesiones El sufrimiento y la contracción que experimentamos despierta en nosotros un anhelo profundo de libertad que nos puede llevar a abrirnos a una nueva mirada, más amplia y envolvente, capaz de transformar nuestra existencia.

Contemplar la vida desde la perspectiva de la nutrición me apasiona, ya que he sufrido de ese enfoque tan limitante y reduccionista en el ámbito de la alimentación durante muchos años. Por eso dedico estas páginas a explorar sobre ella en particular. Nuestra relación con el alimento es, para mí, una puerta abierta hacia la misma comprensión a la que puede llevarnos cualquier otra relación, ya sea con seres humanos, actividades o situaciones. Todo es relación. Cada aspecto de nuestra vida es una oportunidad para conectar con la totalidad si es vivido desde la amplitud de la consciencia y el amor que somos.

Verás que menciono con frecuencia palabras de Jesús. Su enseñanza, tal y como yo la siento, despierta en mí con fuerza la comprensión de que todo es sagrado, de que la espiritualidad no es algo separado de la vida, sino la vida misma en cada uno de sus detalles. Todo lo que comparto sobre él es muy intuitivo, y puede no coincidir con las lecturas teológicas aceptadas, que no conozco. Más allá de la persona de Jesús y su historia, sin ninguna asociación con el ámbito institucional del cristianismo, aquí queda mi íntima comprensión, la que me inspira profundamente.

A lo largo del libro encontrarás que ciertas ideas básicas se repiten con frecuencia, lo cual no he querido evitar por dos razones. Por un lado, me doy cuenta de que es el modo en que la vida me va enseñando: recordando y repitiendo. Por otra parte, me parece importante que, al igual que en una pieza musical, el tema principal aparezca periódicamente. Todos los caminos emprendidos, todas las experiencias, me van conduciendo a un solo lugar, a una simple comprensión que me parece importante honrar expresándola reiteradamente. Al releer estos textos, surgidos en momentos diferentes de mi exploración, yo misma me sorprendo al ver la misma idea expresada de modos diversos.

Escribir estas páginas es un modo de seguir ahondando en mi investigación, de hacerla más viva. Me invita a una constante experimentación de lo que escribo. ¡Compartirla contigo es muy nutritivo para mí!

INTRODUCCIÓN

¿Te imaginas qué transformación se produciría en nuestro vivir si supiéramos que en el corazón de todas las experiencias, tanto las que la mente valora como las que desprecia, se encuentra la fuente de la plenitud, la paz y la felicidad que tanto buscamos?

Al eludir la experiencia presente, nos perdemos la mayor fuente de nutrición que existe. Se nos escapa la gran posibilidad: quedarnos y asumir que todo es alimento, sentirnos nutridos en abundancia por el «pan de vida», como decía Jesús, la vida misma bajo todas sus formas.

Sí, la vida, esa que pasamos por alto elucubrando sobre ella, cabalgando hacia tiempos futuros o evocando los pasados; esa que se encuentra justo aquí, expresándose en esta respiración, en este roce, en ese contacto, en esta mirada, en ese dolor, en este estallido de gozo… La vida de este instante, plena en cada uno de sus detalles, es un verdadero alimento, «el pan» que anhelamos, mientras seguimos buscando en tantas fuentes engañosas que suelen dejarnos insatisfechos.

El *yo separado* (la falsa idea de lo que somos y con la que nos confundimos) es una criatura hambrienta. No solo de alimentos físicos, con los que tantas veces trata de llenar su vacío existencial, sino de todo tipo de objetos, posesiones, relaciones, situaciones... en las que cree poder colmar ese hueco sin fondo que, ineludiblemente, le acompaña. Separado mentalmente de su fuente, queriendo vivir «por su cuenta», ha renunciado a su estado natural de plenitud, en el que todas sus necesidades son constantemente atendidas. Y se ha convertido en un buscador de «cosas» que le completen en el mundo de la forma.

Recorriendo compulsivamente la línea horizontal de la existencia, ese *pequeño yo* siempre busca más allá eso que por fin colmará su sensación de carencia. Separado mentalmente de la vitalidad de este instante, tiene hambre de emociones y sensaciones intensas. Percibiéndose desconectado de la intrínseca perfección que alienta cada momento, busca un estado de futura realización. Sintiéndose aislado de un mundo que considera amenazador, busca relaciones que le devuelvan la sensación íntima de conexión, que es suya por naturaleza. Cansado por esta búsqueda extenuante, trata de gratificarse con todo tipo de sustancias o recurre a la comida como compensación del intenso abandono que experimenta al separarse de su vida.

Hasta que un día se detiene y, agotado, se aquieta. Y en ese espacio empieza a sentir la vida real, esa que le respira, le acaricia, le sostiene, le late y le ofrece constantemente su sustento. Esa que olvidó y que ha estado siempre sustentándolo y animando cada uno de sus movimientos. Y, aliviado, después de tanto esfuerzo, se abre a un susurro que surge en sus adentros:

Eres amado,
ahora y siempre eres cuidado y atendido.
Cada uno de tus pasos, cada una de tus experiencias,
está saturada de vida nutritiva.
Ábrete a ellas, más allá de su apariencia,
no las desprecies...
Son tu alimento, el pan del cielo.
Están hechas de la misma sustancia
que puebla el silencio,
el espacio ilimitado del que todo surge,
la amorosa madre de todo lo que existe.
Esa sustancia es
tu verdadero sustento,
lo que tú eres,
el divino aliento que permea todas las formas,
y las constituye.
Ven hacia adentro...

Se nos ofrece un cambio de perspectiva, al que nos acercaremos en estas páginas. La experiencia presente, que antes era solo un medio para llegar a otro sitio o un impedimento que rechazábamos, ahora se convierte en nuestro alimento más nutritivo, es decir, lo que necesitamos para despertar a la consciencia de lo que somos.

Desde la perspectiva del *pequeño yo*, las relaciones con el mundo quedan reducidas a un movimiento de búsqueda o de rechazo o, como dicen los budistas, de apego o aversión. Nos apegamos a las personas, a la cosas y situaciones o tratamos de evitarlas para proteger o consolidar nuestro falso yo. Desde la comprensión expandida de lo que somos, estas mismas experiencias nos ofrecen una invitación radicalmente diferente: servirnos como puerta al reconocimiento de nuestra verdadera naturaleza.

Las personas, cosas y experiencias de nuestro mundo están ofreciéndonos una nueva comprensión, invitándonos a soltar el papel que les habíamos otorgado al servicio del ego. Una vez que quedan libres de ese uso personal que la mente les daba, se revelan como una expresión única y sagrada de la totalidad, a la que nos permiten acceder cuando nos abrimos a ellas desde esta nueva perspectiva.

Entonces, el banquete abundante e ilimitado de la vida se abre ante nosotros para ser degustado. Los seres y objetos físicos que percibimos, las sensaciones, emociones y pensamientos son los componentes de ese constante aflujo de nutrición, que está aquí invitándonos a descubrir su esencia, una con la nuestra.

Esa esencia es el verdadero alimento, el pan de los cielos. Es la luz de la que todo está hecho, en la que todo surge y se desvanece. La reconocemos en el silencio, en la quietud, en la aceptación del vacío... Es la vida que somos. Y en medio de la experiencia cotidiana, tenemos acceso directo a ella, no negando el mundo de los objetos, sino abriéndonos a él desde la presencia. ¿Cómo no abrirnos a ese océano poblado de vida y dejar que sus infinitas formas nos revelen su esencia? ¿Puedes concebir un alimento más potente?

Solo necesitamos dejar de alimentar ese movimiento horizontal de búsqueda o evitación y aprender a descansar en la intensidad de este instante. Descubriremos que nuestra alegría ya no depende de determinados acontecimientos o circunstancias especiales, sino que brota espontáneamente de la presencia que ofrecemos a cualquier ínfimo aspecto de la realidad. Esta presencia está siempre disponible. Podemos dar esa atención abierta e íntima a todo lo que acontece y sentirnos plenos en medio de las condiciones que, en otros momentos, nos resultaban limitantes.

Viviendo en profundidad toda experiencia, nos sentimos intensamente vivos. Despiertos a todo lo que sucede, permitiendo que todo sea tal y como está siendo, cultivamos la contemplación natural de la presencia. Al acoger amorosamente ese despliegue de la existencia en nuestra amplitud, nos conocemos como amor. ¿Qué mejor nutrición que la poderosa vivencia de lo que somos, pura conciencia, puro amor, pura vida? *Sat Chit Ananda* son las tres palabras que, unidas, expresan en sánscrito la brillante esencia de nuestro ser.

Ese reconocimiento es la verdadera nutrición que anhelamos y que buscamos torpemente en sucedáneos del mundo.

un POCO DE HISTORIA

EL INICIO DE LA AVENTURA

Déjate silenciosamente llevar
por el poderoso impulso
de lo que en verdad amas.
Rumi

La vida de cada ser humano se va desarrollando en torno a unas líneas básicas que van conduciéndole al descubrimiento de su esencia. Para mí, la nutrición, curiosamente, ha sido una de estas vías de autoconocimiento. Me siento muy agradecida de poder ir accediendo, gracias a la exploración sobre este tema, a una comprensión cada vez más profunda de mí misma.

Mi vida ha estado muy marcada por la experiencia de la nutrición desde muy niña. Mis recuerdos más antiguos se remontan a mis primeros meses de vida. Aún guardo imágenes de mi padre, gesticulando y disfrazándose con hojas de periódico ante mí para distraerme mientras mi madre intentaba que tomara unas cucharadas de comida. Según me cuentan, era difícil conseguir que comiera y recurrían a todo tipo de entretenimientos para que ingiriera algo sin darme cuenta. Lamentablemente, esos bocados terminaban con frecuencia siendo expulsados de mi boca. No parecía muy inclinada a comer en el modo y las cantidades convencionales que mis padres, con su mejor intención, esperaban.

Así pasó un buen período hasta que, a los tres años, lo recuerdo muy bien, hubo un cambio. Un día, sentada en un taburete ante una mesa de cocina, asistía curiosa a la elaboración de una mayonesa que mis padres preparaban manualmente. Encantada del resultado, quise probarla y mi madre me dio unos trocitos de pan para untarlos en la salsa. Me pareció tan divertido el juego de untar el pan en la salsa y comerlo que pedí más. Mis padres, asombrados, reaccionaron con alegría. Era la primera vez, seguramente, que me veían motivada por algún alimento. Creo que, en esos momentos, mi mente infantil percibió que tenía la capacidad de provocar entusiasmo en mis padres y eso debió alentarme a seguir haciéndolo. Así que, empecé a aficionarme a comer, no por hambre, sino por esa atractiva sensación de sentirme aceptada como una niña adecuada después de tanta lucha. Y también, posiblemente, por explorar esa habilidad recién descubierta de despertar emociones en los demás modificando mi comportamiento. Creo que fue por entonces cuando empecé a perder el contacto con las verdaderas necesidades de mi cuerpo al empezar a enfocar mi atención en las reacciones de los demás, buscando su atención. Poco a poco, fueron instalándose automatismos: me sorprendía de pronto comiendo muchas galletas sin razón, apurando platos hasta dejarlos completamente «limpios»... Hasta me recuerdo prometiéndole a mi madre, cuando tenía unos cinco años, que nunca más rechazaría los garbanzos al saber que los niños de África pasaban tanta hambre.

Comer, desde entonces, se convirtió en un hábito de llenado que se automatizó y que empecé a practicar para ser «como todo el mundo». Me sentía así integrada en un entorno que me aceptaba y al que parecía que podía tranquilizar con mi obediencia y aceptación.

COMER ADICTIVO

Poco a poco, aunque sabía que no lo hacía por hambre, me aficioné a comer. Ingerir alimentos se fue convirtiendo también en una especie de consuelo, alivio de malestares, un recurso socorrido en momentos de soledad o desconexión, un calmante de la extraña sensación de aislamiento que me acompañaba en mis adentros. Al haberme separado de mis verdaderas necesidades y emociones, me sentía contraída y experimentaba un vacío que no sabía cómo llenar. Comer cualquier cosa, aunque no lo solucionaba, parecía calmarlo por momentos. Así que me habitué a este modo compensatorio de usar la comida.

Aprendí también a renunciar a ella cuando descubría que excederme podía estar mal visto. Mi necesidad de aparecer como una niña recatada, virtuosa y disciplinada me llevó, en una época de mi niñez, a renunciar también a ciertos postres, golosinas o bocados apetitosos para impresionar a mi entorno.

Como veis, un verdadero lío en este tema de la nutrición, que iba generando nudos en mi emocionalidad y en mi cuerpo, al haberme separado de la sabiduría instintiva que me guiaba y en la que ya no confiaba.

La desconexión con mi mundo emocional, que percibía confuso y turbulento, se hizo habitual. Daba por ciertos muchos pensamientos limitantes sobre mí (juicios, desvalorización, comparación, culpa...) que generaban un estado contraído en mi sentir y en mi cuerpo, una falta de energía y una sensación de pesadez y desconexión que me aturdían. Este ambiente interior, al ser juzgado como inadecuado, indigno y sombrío, era automáticamente rechazado o tapado. La forma más recurrente que encontré de hacerlo era la comida, siempre a mano y aparentemente calmante de ese malestar y soledad que me acompañaba en lo profundo. Con frecuencia me sentía aislada, y tomar cualquier bocado me daba una sensación de alivio, conexión o acompañamiento. Otras veces, sentía una enorme sensación de vacío, inconsolable, que no sabía cómo manejar, usando entonces cualquier alimento como tapadera de esa sensación angustiosa en mi plexo solar. También así desconectaba por un ratito del monólogo frío, exigente y cortante de mi mente, que me dejaba, al creerlo, en un estado apagado y contraído.

Comer de esta manera generaba mucha confusión y desorden en mi día a día. Sentía una enorme desconexión de mí misma, que se acentuaba con este recurrir paliativo a la comida que nada tenía que ver con mis verdaderas necesidades. Desde un estado tan entumecido y desconectado, las comidas me sentaban mal. Me dolía el estómago con frecuencia, aunque lo que sucedía en realidad —ahora lo sé— es que mi plexo solar estaba casi constantemente contraído. Esa área de mi cuerpo se encogía emocionalmente, reflejando la separación de mi vida y de mi sabiduría innata. Eso no podía ser resuelto con comida, aunque era el recurso al que me había habituado al sentirme tan desconectada.

Ese estado, que sentía inauténtico, me hacía sufrir tanto que, en algún momento de mi adolescencia, decidí controlarme y empecé a transitar el mundo de las dietas, buscando la manera de organizar y restringir un modo de comer que para nada respondía a mis necesidades, con las que apenas tenía contacto. Mi cuerpo, además, estaba reflejando esa desconexión y lo sentía como un peso, un freno enorme a mi anhelo de libertad. Buscaba algo que me funcionara, unas líneas que me estructuraran, ya que yo había perdido completamente esa capacidad. Probé con todo tipo de restricciones, pero el resultado era siempre el cansancio de imponerme algo que no era genuino ni respondía a mis verdaderas necesidades. Necesitaba recuperar la autenticidad con la que nací.

COMIENZA LA EXPLORACIÓN

A los dieciocho años, una poderosa experiencia transformó radicalmente mi modo de vivir. Descubrí, a través de la respiración, una fuente ilimitada de energía que parecía despertarme de un largo sueño. Un hermoso amanecer de la consciencia inundó de luz todas las áreas de mi vida. Como si volviera al hogar tras un largo y penoso viaje, me vi habitando mi presente y apreciando cada detalle de la existencia. Todo me parecía vívido y nutritivo. Me sentía plena contemplando, saboreando, escuchando matices de mi cotidianeidad en los que nunca me había detenido, encerrada en un mundo mental que me ahogaba. Cada día era una aventura de descubrimiento que me entusiasmaba. Notaba que muchas de mis supuestas necesidades iban quedando obsoletas. En particular, en el terreno de la alimentación, empecé a sentirme asombrosamente sensible a lo que mi cuerpo necesitaba en cada momento. Tan entusiasmada estaba con el despertar de una vida tan poderosa en mí, que dejé de buscar paliativos o tapaderas de modo natural. Mi sistema se aligeró enormemente al rechazar de modo espontáneo la carne y los alimentos procesados y adoptar la dieta vegetariana sin ningún esfuerzo.

Notaba que había una inteligencia muy despierta que me guiaba si mantenía la conexión con mi respiración y mi sentir.

Aunque estaba encantada con la dieta vegetariana, mucho más ligera y que no interceptaba la energía, fuerza y bienestar que fluían sin cesar, algo en mí sabía que no podía restringirme a unos cánones externos, por muy benéficos que fueran. Así que, después de probar con la macrobiótica, el higienismo, el frugivorismo... decidí que lo que más necesitaba era confiar en mi sabiduría interior y dejarme guiar por ella momento a momento.

Se abrió así una gran puerta de exploración, a la que me dediqué con pasión aprendiendo a confiar en las señales de mi cuerpo, en la intuición de cada momento en torno a lo que comía, sin dejarme condicionar por ningún concepto previo que hubiera aprendido, ¡había acumulado tantos conocimientos sobre nutrición! Necesitaba soltarlo todo, hacer tabla rasa y entregarme a la consciencia del instante. Esto suponía un enorme desafío, ya que lo que mi cuerpo me indicaba no encajaba muchas veces para nada con ningún parámetro aceptado socialmente. En esta área de la vida estaba siendo llamada a atreverme a seguir mi propia ley, a confiar en mi vida, sin contar en ningún momento con la aprobación de mi entorno ni con las supuestas certezas aceptadas por todos.

A veces, no tenía hambre en absoluto a las horas establecidas de comer. Descubría que, por las maña nas, después de meditar, hacer yoga o contemplar el amanecer, me encontraba tan plena que mi cuerpo no pedía comida. Durante el día, si seguía escuchándome y respetándome, a veces surgía un poco de hambre con la indicación precisa de qué tipo de alimento me convenía. No se trataba casi nunca de un plato convencionalmente preparado y cocinado. Más bien surgía el deseo de alguna fruta, algo de ensalada o un poco de arroz... A veces, un solo bocado de pan con aguacate era todo lo que mi cuerpo pedía. Incluso, después de muchos años de vegetarianismo radical, si a mi alrededor había personas que tomaban pescado y, alguna vez me apetecía probar un poco, lo hacía, solo por el sabor y la sensación que experimentaba... Es verdad que la carne no me volvió a apetecer nunca, pero alguna vez, un bocado de pescado, me llamaba la atención. Mi compromiso era decir sí, independientemente de lo que mi mente juzgara, independientemente de lo que había aprendido o sabido sobre dietas «perfectas» o de las etiquetas con las que había querido definirme.

Estaba comprometida a escuchar a la vida en mí y a ser fiel solo a ella, más allá de todo lo que había creído en el pasado sobre alimentación. Más allá de las convenciones y creencias establecidas, necesitaba confiar en la vida. Y eso fue todo un desafío que me colmó de plenitud y seguridad.

En esta investigación fue de gran ayuda el descubrimiento del ayuno, cuando tenía veintiún años.

DESCUBRIENDO EL AYUNO

Nunca hubiera imaginado que pasar unos días sin alimentos sólidos pudiera despertar en mí vivencias tan genuinas y profundas. Aún recuerdo la primera vez que dejé de comer durante un día... ¡Qué difícil me pareció! La dificultad no procedía de que tuviera realmente hambre. ¡Me sentía tan extraña no siguiendo las normas convencionales! Sin embargo, con mi primer ayuno de tres días, la incomodidad dejó paso a una sensación de claridad y acercamiento a mi ser tan reales que me sentí cautivada. A través de esa experiencia tan simple estaba tocando, de algún modo, la autenticidad que había anhelado siempre.

No tardé en repetir la experiencia, alargando los períodos de ayuno. Ante mi sorpresa, mi nivel energético aumentaba enormemente a partir del tercer día. Aún recuerdo la primera vez que ayuné diez días. El octavo, fui invitada a una sesión de danza libre. Aunque había estado en una casa de campo, en un ambiente tranquilo hasta ese día, algo me impulsó a asistir. Con un nivel de energía inverosímil, me veía correr por las calles para llegar al autobús. Bailé durante horas sin cansarme. Un estado de inspiración y conexión con la vida me atravesaba. Veía a los demás comer y no sentía ninguna apetencia. ¡Estaba nutrida en profundidad!

Como podéis imaginar, estas vivencias fueron llenándome de confianza en mi intención de escuchar a la vida en mí, más que a todo lo aprendido, que se había superpuesto a mi innata sabiduría. Lo vivido en estas primeras experiencias me llevaba a querer repetirlas con frecuencia, ya que notaba que cada vez que me regalaba un período de ayuno, mis pesadeces de antaño, mi confusión mental y mi contraída emocionalidad, se liberaban. Como si en un paisaje sombrío y helado fuera entrando más y más luz, al tiempo que muchas durezas se ablandaban y disolvían. Sentía que me renovaba y que el contacto con mi intuición se restablecía. Mi salud también se fortalecía más y más.

Ante mi asombro, mi entorno no fue nunca un inconveniente. Desde el momento en que yo me daba el permiso para explorar y vivir estas experiencias, respetando la llamada de mi intuición y confiando en ella, nada externo se interponía. Y si alguien mostraba su desacuerdo o incomprensión, eso no me perturbaba en absoluto. Recurría, de vez en cuando, a realizar algún análisis clínico «por si acaso», pero estos siempre han revelado un estado de salud perfecto, para tranquilidad de todos.

La experiencia del ayuno, como decía, fue una enorme ayuda para avivar mi atención a las verdaderas necesidades de mi cuerpo, que no dejaban de sorprenderme.

En los períodos en que no ayunaba, mi investigación seguía viva. Me daba cuenta de que necesitaba explorar también en torno a las cantidades de comida que ingería, otra puerta que siempre me había atraído atravesar.

LA NUTRICIÓN HOMEOPÁTICA

Siempre me he preguntado por qué aceptamos ciertas convenciones y las creemos tan a pies juntillas que las hacemos nuestras, integrándolas en nuestra vida y asumiendo directamente que «las cosas son así». Sucede en muchas situaciones, pero a mí siempre me ha llamado la atención cómo se aplica en el tema de la nutrición.

Desde muy niña me recuerdo reflexionando: ¿Por qué hay que comer tres veces al día? ¿Y por qué hay que comer esos platos tan repletos? Mi experiencia cotidiana era que cuanta más cantidad ingería de algo, menor era el disfrute que sentía y mayor el cansancio y desgaste energético que notaba al procesar lo comido.

Observaba esos bajones de vitalidad tras las comidas de mediodía, esa sensación de pesadez que me dejaba desganada para emprender cualquier cosa y que hacía que toda tarea me pareciera un mundo. Sobre todo, notaba la merma en mi motivación, en mi alegría y en mi nivel de inspiración.

Y no es que no deseara comer. Los aromas, los sabores, las texturas, me apetecían y motivaban con frecuencia. Pero el estado que vivía después no colmaba en absoluto esa expectativa de disfrute con la que me sentaba a la mesa.

Esto no es en absoluto generalizable: sé que para muchas personas no sucede así. Pero esta experiencia, para mí recurrente, me hacía preguntarme una y otra vez: ¿Es esto necesario? ¿Necesito someterme cada día a este vapuleo que me deja agotada? ¿No habrá otra manera de vivir la alimentación?

Además de mis numerosos cambios de dieta y mi descubrimiento del ayuno, una de las iniciativas que empecé a explorar con pasión fue la de experimentar con las cantidades que ingería.

Mi experiencia ha sido siempre que solo los primeros bocados de cualquier alimento los vivo con entusiasmo y disfrute. Lo que sigue después me suele resultar monótono y no solo pierdo el interés, sino que, si estoy atenta, me doy cuenta de que mi sistema no lo necesita para nada. Se va convirtiendo en pesadez en el cuerpo.

Así que decidí vivir con intensidad la experiencia de mis primeros bocados, sin necesidad de determinar si seguiría comiendo después de saborearlos. Acoger cada uno de ellos como un regalo a desenvolver, a explorar en todos sus matices de sabor, olor, textura, sonidos, evocaciones, sensaciones internas... Respirar con ellos, abrazarlos con mi boca... Toda una experiencia irresistible de amor que, a veces, me animaba a seguir apreciando un bocado más. Aprendí a hacer una pausa antes del siguiente, una pausa de reconocimiento. Y descubrí qué valor tiene el silencio cuando estás abrazando algo, da igual que sea un trozo de manzana en tu boca o un ser humano entre tus brazos.

Fui constatando también que tomar cada bocado en esa consciencia me permitía ahondar en él, yendo hacia su esencia. Saber que la luz es la sustancia básica de la que todas las formas surgen, me invitaba a masticar dejando que esa energía luminosa se destilara ya en mi boca.

Y la sensación era, a veces, desbordante. ¡Comer luz! ¡Liberar la luz que hay escondida en cada alimento! Me parecía sencillamente apasionante y plenamente satisfactorio cada vez que lo experimentaba.

Había leído mucho sobre esto en filósofos de la sabiduría yóguica de la India, y en especial, me encantaba cómo lo describía el maestro búlgaro Omraam Mikhaël Aïvanhov, en su libro *Hrani yoga: El significado alquímico y mágico de la nutrición*. Decía que «la energía que puede desprenderse de un solo bocado es capaz de impulsar a un tren para dar la vuelta al mundo». Se tratara o no de una metáfora, algo en mí intuía profundamente la realidad a la que aludía, sin necesidad ni de cuestionarlo.

Estas experiencias empezaron a ofrecerme revelaciones valiosísimas. En primer lugar, me di cuenta de que, tras disfrutar intensamente de esos bocados, notaba con claridad cuándo ya era suficiente y era el momento de detenerme. La vida, a través de mi cuerpo, me invitaba a confiar, lo cual no era en absoluto bien aceptado por mis pensamientos, empeñados en no salirse de lo conocido. Cuando los seguía obedeciendo, atemorizada por sus argumentos de una posible desnutrición, sufría unas horas más de pesadez y cansancio. Cuando me atrevía a escuchar a la vida en mí, todo se dinamizaba enormemente. Me levantaba de la mesa llena de energía, feliz y dispuesta a abordar cualquier tarea que se me pusiera por delante.

Noté que mi nivel energético aumentaba extraordinariamente tras comer de esta manera, y ello me motivaba a seguir investigando. No puedo ocultar la inseguridad, que a veces experimentaba, ante las reacciones de los que me rodeaban al expresar temores que yo misma abrigaba sin darme cuenta.

Sobrepasarlos no era tarea fácil al principio. Sin embargo, la evidencia siempre me iba mostrando que puedo confiar en esa sabiduría interna que me guía. Los resultados eran claros. Como decía antes, mis análisis sanguíneos nunca han revelado carencias de ningún tipo y mis capacidades físicas, mi resistencia, mi estado de salud y fortaleza, han probado que mis necesidades estaban realmente cubiertas.

Muchas personas argumentan, cuando conversamos sobre el tema, que comer es un gran placer que no apetece disminuir. Me dicen que aman la comida. Lo comprendo muy bien. Yo también la amo. Sin embargo, en mi caso, precisamente por eso, cuando deseo comer, prefiero honrarla y disfrutarla en las cantidades que me permiten que esa experiencia sea gozosa de verdad, viviéndola con intensidad y alegría.

Esta exploración tan viva me lleva a preguntarme con frecuencia: ¿Podría ser que las pequeñas cantidades de comida tomadas con esa consciencia y disfrute reflejaran la misma ley de la homeopatía? Es decir, ¿a menor concentración de sustancia, mayor es el efecto que puede desencadenar en un organismo?

Hoy me atrevería a decir que sí, pero subrayando el valor de la consciencia. No es la cantidad en sí, sino la presencia que envuelve el acto de comer lo que hace de la comida una fuente de energía y vitalidad. Sobre todo, la comprensión de que eso que comemos no es solo un alimento, un objeto sensorial, sino que, más allá de su forma, se encuentra su tesoro: su esencia luminosa. Cuando nos enfocamos en ella, nos reconocemos también en nuestra esencia y nos sentimos profundamente nutridos.

EXPERIENCIA PRÁNICA

La experiencia de ser madre fue también definitiva en mi camino de exploración. El embarazo contribuyó a desarrollar la confianza en mi intuición. Me sentía segura si escuchaba a la vida en mí. Al contrario de lo que esperaba, no sentí que las necesidades de comer se acrecentaran por el hecho de estar embarazada, aunque sí se intensificaron el amor y la consciencia de lo que comía. Mi hijo nació sano y se nutrió de la abundante leche de mis pechos durante sus dos primeros años de vida.

Mi investigación seguía muy viva. Por aquel entonces llegaron a mí ecos de personas, en diferentes partes del mundo, que se encontraban experimentando con la «nutrición de luz» o pranismo. Aquello resonó en mí con fuerza. Por entonces también, leyendo la *Autobiografía de un yogui*, de Yogananda, me impactaron profundamente las experiencias que se narraban de Giri Bala y Teresa Neuman, mujeres que habían pasado muchos años de su vida sin ingerir alimentos sólidos. Esas vivencias resonaban en mí poderosamente, como si mi corazón cantara de felicidad al ver que algo que siempre había intuido, era realmente posible. Enseguida empecé a recabar más información, leyendo libros y accediendo por Internet a las experiencias de muchas personas que estaban investigando sobre ello en su día a día.

Podéis imaginar, desde el entusiasmo que me impulsaba, cómo hice de ello mi inmediata dedicación. No se trataba ya de ayunar, sino de explorar una nueva fuente de nutrición, el prana vivo, la luz. Ya no se trataba de dejar de alimentarme por períodos, para limpiar mi cuerpo, sino que veía la posibilidad de adoptar una fuente de nutrición que, no por ser sutil, dejaba de ser real. Yo ya había vivido la experiencia. En mis ayunos experimentaba tanta plenitud y felicidad que me decía entusiasmada: «Querría seguir así siempre». Y, sin embargo, al volver a ingerir comida sólida, llegaba el bajonazo. Era como haber volado libre en el cielo y, de pronto, verme recluida de nuevo en un agujero muy estrecho, oscuro y agobiante. Me frustraba mucho ese cambio tan doloroso que parecía irremediable.

Ahora se abría una puerta apasionante: ¿Y si eso era posible? ¿Y si permanecer en esa ligereza no fuera un sueño imposible, sino mi derecho de nacimiento? Mi intuición me lo venía susurrando desde siempre.

Dada mi sintonía con la respiración y la luz del sol, ya había experimentado el poder de lo sutil para sentirme tan plena que hasta mis necesidades físicas se reducían enormemente. ¡Qué maravillosa perspectiva adentrarme en esa aventura!

Y así, poco a poco, fui ofreciéndome más y más espacios para explorar esto. Bajo el concepto de ayuno, había llegado a vivir sin comida sólida hasta cuarenta días. Pero mis concepciones estaban cambiando: ahora no quería privarme de nada, quería nutrirme de verdad, de otra manera. Así, con esta confianza, los períodos empezaron a prolongarse de modo natural: dos meses, tres meses y hasta seis meses... tomando solo líquidos. Vivía todo esto con una gran alegría y expansión, confirmando mis anhelos de libertad. Me sentía más inspirada, llena de ideas, de lucidez. El contacto con la naturaleza cotidiano, el sol, el ejercicio, la respiración, que se hacía muy presente, mis prácticas de yoga y meditación... todo ello acompañaba y nutría mi camino en aquellos días. Mi cuerpo iba reflejando esta sintonía con ligereza y con la desaparición de todo tipo de síntomas o estados enfermizos. Me sentía viva, llena de energía y renovada, explorando un modo de vivir muy intenso, en el que todo fluía con facilidad. Trabajaba cada día como de costumbre, sintiéndome más lúcida y presente que nunca, en mis terapias o talleres, en cualquier ocupación.

Me sentía entusiasmada y feliz de estar explorando y constatando algo tan extraordinario... ¡Y tan sencillo para mí!

Sin embargo, empecé a darme cuenta de que, a medida que pasaba el tiempo y me iba habituando a este modo de nutrición tan desconocido en nuestro mundo, mi *pequeño yo* empezaba a tomar cartas en el asunto. Lo que había empezado siendo una excitante investigación, se iba convirtiendo, por momentos, en un modo de sentirme especial, original, más «espiritual» que otros. Y aunque raramente hablaba de ello —casi nadie sabía de mis experiencias aparte de mi familia y algunos amigos cercanos—, en mi fuero interno comencé a sentirme separada. Empecé a desconectar de la frescura de mis sensaciones en el presente y a pensar demasiado en lo que estaba pasando. Aunque interesante y sorprendente, era solo un aspecto de mi vida que mi mente egoica estaba empezando a priorizar y a usar por su cuenta.

La vida no se queda enganchada en posturas definidas que trata de perpetuar, pero mi ego sí quería perpetuar mi imagen de «persona pránica» que se nutre de luz. Y así, si años antes me había comprometido con la escucha directa de la vida en cada momento, ahora primaban de nuevo mis conceptos, mis intenciones personales. Sin darme cuenta, había pasado de una espontaneidad que se daba naturalmente, a un intento artificioso de mantener un modo de alimentarme, que por muy fácilmente practicable que fuera para mí, me alejaba de mi sintonía con la vida y de su espontaneidad en cada instante.

Me sentía separada, no por el hecho de no compartir los mismos hábitos alimentarios de los demás, sino porque mentalmente yo me había posicionado en una especie de personaje espiritual que no necesita de nada y trataba de mantenerme ahí, de definirme como *diferente*, de modo un poco forzado. El esfuerzo no era porque sintiera hambre o necesidad real de comer y me lo negara, no las sentía. Lo que pasaba es que, al haberme identificado con esa posición mental, mi ego (al que yo había dado el poder de dirigirme) no me permitía el más mínimo «desliz», como probar algo apetitoso o participar ocasionalmente de las comidas, tomando algo que me gustaba y de lo que me apetecía sentir de nuevo el sabor o la textura.

Así que, lo que comenzó siendo una bendición y una liberación, fue absorbido de nuevo por mi personaje para conseguir algo: una imagen, una sensación de *ser alguien especial*. De algún modo, me había comprometido conmigo misma a demostrar al mundo que esta posibilidad de nutrirse de otro modo existe.

Pero estos planes del ego, que parecen tan desinteresados, no tenían nada que ver con el fluir espontáneo de la vida. Había un interés camuflado que convertía mi relación (ahora con el *no comer*) en lo que *Un Curso de Milagros* llama «una relación especial». El interés solapado, del que yo misma apenas era consciente, era mantener la imagen en la que me había posicionado, una persona tan «espiritual» que no necesita ni comer. Con ella conseguiría seguramente superar esa antigua sensación de insuficiencia o pequeñez que siempre me había acompañado. Así son los planes ocultos del personaje del que nos revestimos y en el que tanto invertimos. En mis adentros empecé a sentir por momentos aislamiento, frío, dureza y un desconsuelo que no me permitían ya disfrutar de estas experiencias en plenitud, como era al principio, cuando aún no se habían enturbiado con otros propósitos.

A veces optaba por ceder en mis objetivos y dejarlo todo, volviendo a comer en pequeñas cantidades. Sin embargo, aunque al principio experimentaba un alivio y un poco de relajación, tampoco la solución era esta, ya que mi cuerpo no tenía una necesidad real de alimentos sólidos. Quería creer que el tomarlos podía liberarme de mi sensación de separación y dureza, pero no era así. La dureza no provenía del hecho de no comer sino del lugar mental desde el que estaba viviendo, impositivo y exigente. Por eso, aunque comiera algo, los alimentos seguían pesándome, pues seguía vigente el *yo buscador,* un *yo separado* que los utilizaba creyéndose el hacedor de todo.

Ahora podía darme cuenta de que algo tan inocente y auténtico en su origen se había vuelto un asunto muy personal. Montones de pensamientos y emociones relativos a mis experiencias personales en torno al comer o no comer absorbían mi atención con frecuencia. Dando vueltas en torno a todo esto, buscando soluciones en mi comportamiento, nunca salía del círculo vicioso de ese *pequeño yo*. Ello me contraía y me alejaba de mi verdadera fuente de felicidad, de la luz y el calor de mi corazón.

Cuando comprendí esto, una gran puerta se abrió: lo que hiciera o no en el mundo físico (en mi caso, comer o no comer) era totalmente irrelevante. Ambas conductas, cuando se daban desde la mente separada de mi ser, me mantenían en un estado de desconexión, limitación y sufrimiento. Entretenida en conseguir en el mundo de las formas lo que no se encuentra allí, me estaba alejando de la verdadera libertad, que tanto amaba. Esta no se halla en ningún acto ni comportamiento con el que me identifique descartando otro. Por muy espiritual, alternativo o maravilloso que pueda parecer trascender límites como la supuesta necesidad de comer, ahí no reside la verdadera libertad ni la paz que anhelo.

Afortunadamente, la madre vida, que sostiene todas las experiencias de sus hijos, siempre está invitándonos a volver al hogar. Con mis conceptos sobre la nutrición de luz, quería creer que era eso lo que estaba haciendo, volver a la nutrición más genuina y sutil. Y, en su origen, esa era mi inspiración, claro que sí. Sin embargo, al convertirla en un objetivo que tenía que conseguir, estaba olvidando que la luz es la sustancia fundamental que lo constituye todo. Es lo que somos. Enfocándome en una sola forma de nutrirme de ella, queriéndola perpetuar, me estaba separando o cerrando a la luz del ahora, la fuente de todo lo que existe, presente y viva en todas las formas.

Ese camino estaba agotado. La situación me estaba pidiendo un salto hacia lo desconocido, un salto hacia la verdadera libertad. Necesitaba espacio. Cuando me atreví a permitir ese espacio en mí, renunciando a todo lo que creía saber sobre lo que era mejor en torno a ese tema y a tantos otros, se hizo el verdadero silencio.

Estaba preparada para lo nuevo. Estaba dispuesta a soltar todo lo que había creído ser, todas mis luchas, todas mis marañas mentales. Tenía que dejar atrás esa historia que me mantuvo confusa durante algunos años, dando vueltas en torno a un logro físico para realizar a un personaje que quería sentirse especial.

Estaba preparada para, simplemente, SER.

HALLANDO LA NUTRICIÓN DE ESTE INSTANTE

Se me ofrecía una decisión inédita: olvidarme de todo intencionadamente y vivir la nutrición a la luz del instante presente. Dejando fuera el pasado y cualquier expectativa de futuro, ser como un recién nacido que no sabe nada. Envuelta en la cálida luz del ahora, abrirme a lo que este instante me ofrece. Y no solo en presencia de los alimentos, pues en cualquier momento, sea cual sea la experiencia, puedo descubrir que siempre hay dos posibilidades: unirme o disociarme de la totalidad, abrirme a la vida o retirarme a pensarla, sentirme nutrida o separarme de la abundante nutrición presente.

La comprensión que latía detrás de todas estas experiencias, y que me esperaba para empaparme de ella, era muy simple. La vida me hacía una invitación maravillosa, que había estado ahí desde siempre: aceptar ser nutrida en abundancia por la luz, sí, pero no como un objetivo futuro sino desde el espacio profundo y radiante de la existencia, es decir, ahora mismo.

Estaba siendo invitada a sumergirme en el abundante océano de la vida. La luz no es un espacio sutil separado de lo que surge en ella, sino que permea y sostiene todas sus expresiones. Ese espacio está vivo, es la misma vida modulándose y expresándose en infinitas formas. Es la sustancia de la que están hechas. A través de toda experiencia, se me ofrece el reconocimiento de mi verdadera naturaleza radiante. Solo necesito abrirme y aceptar toda vivencia como una sagrada expresión de la vida que soy.

Y esta apertura se me ofrece en el mismo instante en que la vida está sucediendo, ahora mismo. Empecé a comprender que ya no necesitaba aislarme o separarme del presente para conseguir algo en el futuro. Ya no necesitaba rechazar la forma (los alimentos) para privilegiar el fondo (la luz). Ambos, forma y fondo, son la vida, completa en sí misma. Los alimentos son luz condensada, la misma luz que envuelve este instante y brilla en cualquier mirada, en cualquier emoción, en toda situación. No separarme de ella, sea cual sea su apariencia, es mi única y hermosa dedicación.

Amar la luz sobre todas las cosas, por encima de todo, ha sido siempre mi mayor fuente de felicidad. Desde muy niña, esa es mi vocación más profunda. La dificultad surgía siempre en contacto con la experiencia, con el mundo de las cosas, en relación con lo concreto. De ahí siempre tendía a escaparme, al no saber cómo encajar lo que vivía con las personas, las situaciones, los alimentos… en esa perspectiva amplia y profunda que yo amaba. Refugiarme en mi mundo interior, eludir situaciones que consideraba amenazadoras de mi paz, abstenerme de lo que parecía poder alterarme o sacarme de mi precario equilibrio… se convirtió durante muchos años en un modo de vivir tenso y contenido. Ese mundo espiritual temeroso de implicarse en la experiencia no es fácil de sostener, pues no es real.

Dios se expresa a sí mismo a través de todo. Todo es Él. Nada está desconectado de la vida. Solo cuando nos identificamos con una pequeña entidad aislada percibimos la separación, y el mundo de las formas se nos aparece carente de sentido, desconectado de la totalidad. Y eso da miedo porque es una artificiosa maquinación mental, carente de realidad.

Mi mayor anhelo ha sido siempre poder experimentar, en cualquier situación, la unidad y la plenitud que sentía en el silencio de mi ser. Aunque me lo imponía usando todo tipo de técnicas y métodos espirituales, faltaba el ingrediente básico: mi consideración de ese mundo que tanto me perturbaba. Mientras mi comprensión del mismo estuviera desligada de la fuente, considerándolo algo aparte de mí con lo que tenía que lidiar, no era posible sentir la unidad que anhelaba, por mucho que me lo propusiera.

Solo cuando comprendí que la luz que yo amaba en el silencio está siempre presente, sosteniendo y subyaciendo en cada experiencia, envolviendo cada situación, vibrando en cada rostro, en cada emoción, en cada bocado... la puerta se abrió. Se reveló como la puerta inmensa a lo real, cerrada antes por tantos conceptos ilusorios que me separaban del todo.

Empecé a darme cuenta de que este instante, si me abro a vivirlo, es una fuente constante de nutrición para mí. Todo es vida, todo es luz: su radiación me envuelve y me constituye, es el sustrato nutritivo que sostiene todas las formas. Está latiendo en todo, expresándose en todo.

Comprendí que no puede haber una meta en el tiempo en torno a la nutrición de luz. Por una simple razón: está sucediendo ahora. Y mi apasionante desafío es reconocerla y apreciarla.

Y esto es posible en cualquier situación, sea cual sea su apariencia o contenido. Cada momento me invita a descubrir y degustar esa luz nutritiva, si acepto vivirla en lugar de sostener viejos conceptos que me separan. Tanto en compañía de personas como en absoluta soledad, en momentos emocionalmente tormentosos o en los de profunda quietud, ya sea trabajando, comiendo o caminando... en cada instante se me ofrece experimentar que todo es nutrición. Aquí y ahora, solo hay luz, un océano de vida abundante expresándose a través de formas y experiencias que están saturadas de ella, sea cual sea su apariencia.

La mente separada es especialista en aislar, escindir partes de la totalidad, privilegiando unas sobre otras. Comprendí que, si amaba la unidad, no podía privarme de ninguna de sus expresiones. La luz es todo, la vida es una corriente nutritiva que lo impregna todo. No me corresponde a mí determinar qué partes de la realidad me nutren en cada instante, negando otras. Mi única y verdadera posibilidad es abrirme a mi ser, descansar en él y dejarme sostener por él, momento a momento, de infinitas maneras, que no me corresponde definir ni administrar.

Estaba, estoy, ante una aventura maravillosa que se abre constantemente para mí: experimentar la nutrición del momento presente, la nutrición natural de la vida. Y aceptarla de corazón, soltando toda pretensión de ir por mi cuenta, tratando de conseguir algo personal.

Para ello, necesito detenerme, habitar este instante sagrado, soltar todas mis historias de pasado y de futuro y abrirme al espacio vivo que todo lo abraza y en el que se mueven los seres que me rodean, las percepciones de mis sentidos, las emociones, impulsos, sensaciones, pensamientos... Desde aquí, puedo comprender que no son las cosas en sí (alimentos, personas, situaciones, emociones...) sino cómo las considero, lo que determina mi experiencia. O me abro a ellas como expresiones de la vida abundante que somos o las percibo, al sentirme aislada o vacía, como objetos limitados que pueden llenarme. O las considero integradas en un todo del que yo también formo parte, compartiendo una misma esencia infinita, o las percibo aparte, aisladas de esa totalidad y por tanto, susceptibles también de dañarme al creerme yo también separada.

Me doy cuenta de que, en los momentos en que me sé y me siento conectada con la luz del instante presente, una con la vida, me siento profundamente nutrida, tanto si como algo como si no. Sin embargo, cuando me proponía conseguir algo a través de ingerir tales o cuales alimentos o renunciando a ellos, me sentía subalimentada, pues esa idea surgía de un *yo* separado mentalmente del instante: alguien que estaba buscando algo que alcanzar, elucubrando, calibrando, anticipando…

Mientras tanto, en el presente se estaban dando todas las condiciones para sentirme plena. Todo lo que estaba experimentando era alimento sagrado para mí, pero me encontraba perdida en la búsqueda de una nutrición ideal. Hasta el malestar o la incertidumbre me estaban siendo dados como una fuente de energía nutritiva que no sabía aprovechar y de la que me alejaba, hipnotizada con mis objetivos. Las emociones, nuestros espacios sombríos, abandonados, son energías vivas y poderosas que esperan ser iluminadas y asumidas. Y eso solo es posible AHORA. Detenernos y contemplar, observar y sentir, llenar de consciencia las sombras, nos permite reconocernos como la espaciosidad que somos. Y esa es la verdadera nutrición, experimentar nuestra compleción y la abundancia inagotable del ser.

Agradezco estas experiencias que me han llevado a recorrer caminos a veces tortuosos. Respiro aliviada al renacer en la luz de este instante en el que no sé nada. Como una niña, descanso en el seno de mi madre, la vida. Ella es mi fuente de nutrición constante, la luz viva que me sostiene y que se modula en todo tipo de experiencias. Todas mis relaciones con el mundo que percibo: las personas, los ambientes, las emociones, los pensamientos, el aire, el sol, los alimentos… son oportunidades de nutrición, de reconocer esa vida nutritiva en todo, de ser ella.

Una vez más, resuenan en mi alma esas preciosas palabras de Jesús:

Por eso os digo: no os preocupéis por vuestra vida, qué comeréis o qué beberéis... Mirad las aves del cielo, que no siembran ni siegan, ni recogen en graneros y, sin embargo, vuestro Padre celestial las alimenta. ¿No sois vosotros de mucho más valor que ellas?

Esta es mi nueva aventura,
la que comparto contigo en este libro.
La nutrición verdadera es
la que siempre está teniendo lugar.
Fundirme con la vida en este instante,
ser una con cada uno de sus matices,
en lugar de rechazarla,
es la fuente de nutrición más auténtica
que podemos concebir: es AMOR.

Descansar en este momento, tal y como es,
soltar la búsqueda de eso que nunca está aquí,
nos permite sentirnos completos.
Nos unimos así a la vida.
Ella, en sí misma, es pura nutrición.

Desde esa conexión, ya no usamos la comida para paliar esa sensación de carencia ancestral que genera el creernos separados. El alimento físico deja de ser la principal fuente de nutrición para convertirse en un ingrediente más del gran festín que es la existencia. Comer o no en los momentos convencionalmente requeridos, comer esto o aquello, no es relevante. En cada ser humano y en cada instante, la nutrición se da de un modo totalmente original y genuino. Cuando estamos en contacto con la fuente, siempre impredecible, que es la vida, somos guiados por una sabiduría íntima que se revela momento a momento.

Este contacto, potente y nutritivo, a veces impregna tanto nuestra experiencia física que quizás no sintamos necesidad de comer nada; en otras ocasiones, basta un simple bocado; en algún momento, puede aparecer un impulso por ciertos alimentos y, sin más, como hijos confiados de la vida, los tomamos en la cantidad que sentimos adecuada, guiados por la intuición. Podría darse incluso la experiencia contraria, una apertura mayor a la comida, si por alguna razón había un rechazo o cerrazón a ella. El contacto con la energía viva del presente podría traducirse en un deseo auténtico de comer que estaba obstruido, en un anhelo de comulgar con la vida a través de los alimentos. No hay parámetros establecidos, no hay juicio ni definición, todas las experiencias son nutritivas, profundamente sustentadoras si nos abrimos a la vida que las anima.

En mi caso, la exploración continúa... Sentir la profunda nutrición de la existencia me lleva a descubrir una y otra vez que mi única «tarea» es abrirme confiada al instante presente en todas sus expresiones. Es esta apertura la que me apasiona y cada día voy descubriendo más y más maneras de disfrutarla. Más me abro, más plena y sostenida me siento sin que yo tenga que buscar nada ni esforzarme por conseguir ningún objetivo.

Me encanta constatar cómo mi experiencia corporal refleja esta abundante nutrición. Es una alegría sentir en mi cuerpo la energía vibrante que lo renueva y despierta su vitalidad cada día, sin que ello tenga relación alguna con el hecho de comer.

De modo natural, la relación con la comida, que estuvo teñida en ciertos períodos por el intento de conseguir algo a través de ella, se ha convertido en una fuente de exploración y celebración. La escucha atenta me va guiando momento a momento y sigo aprendiendo a confiar y a aceptar. Aunque casi nunca experimento necesidad real de comer, me encanta disfrutar a veces de algunos alimentos como una de las múltiples maneras de degustar la existencia, de comulgar con la energía de la vida o de compartirla con otros seres humanos.

Todo es móvil, no hay nada con lo que definir la experiencia: puedo pasar mucho tiempo disfrutando de tomar solo líquidos, sabiendo que eso puede cambiar en cualquier momento. En otros períodos puedo optar quizás por saborear de vez en cuando pequeñas dosis de algunos alimentos que vibren para mí. Puedo desear comer solo frutas y alimentos crudos en pequeñas cantidades durante varios meses y, de pronto, atender un impulso de probar algo cocinado sin necesidad de identificarme con ninguna dieta ni de calificar mi experiencia. Sé que, si por cualquier razón, alguna vez sintiera la necesidad de comer en mayores cantidades, lo haría sin darle ningún significado. Cantidades, definiciones, estrategias… ¿Qué sentido tiene enfocarnos en controlar lo que nos es continuamente ofrecido de un modo tan simple e inteligente? ¿Necesita un niño darle nombre a los alimentos que disfruta o clasificarlos con una etiqueta? ¿Necesita racionalizar o entender su falta de apetito cuando se siente sencillamente nutrido, entusiasmado en sus juegos y descubrimientos?

¡Qué cansino resulta tener que definirme como vegetariana, vegana, crudívora, frugívora, pránica…! No somos nada de eso… Nuestros hábitos de alimentación física no pueden definirnos, son algo totalmente espontáneo y dinámico. Nada de lo que hacemos, ninguno de nuestros comportamientos puede reducirnos en una definición. Aunque a veces pueda resultar práctico, me doy cuenta de que pretender encajar la existencia en conceptos reduce el contacto vivo con ella y la posibilidad de explorarla en su riqueza, siempre nueva y llena de vitalidad.

Cada uno de nosotros es una expresión única de la totalidad. Cada aventura humana está llamada a explorar de modo genuino diferentes aspectos de esa totalidad que se vive apasionadamente a través de nosotros y que no puede ser encapsulada en los límites de lo conocido ni comparada con otras. Cada detalle de nuestro camino es digno de la mayor devoción y respeto. Por ello, lo que expreso en torno a mi exploración no ha de ser interpretado como guía para otros. Es, más bien, una invitación a confiar en nuestra intuición, a entregarnos con amor a la verdadera guía, la del corazón.

Mi vía, la que me apasiona, surge del reconocimiento de que todo es luz, somos luz y cada manifestación de la vida es una puerta hacia esa esencia nutritiva. Lejos de toda restricción, es un camino radicalmente distinto a todos en los que había creído antes y con los que trataba de definirme.

Todo lo que pudo ser una práctica en manos de mi personaje para conseguir llegar a algún sitio, se revela ahora, igual que la comida, como una celebración de la vida, un disfrute natural y una fuente constante de exploración.

Sentir mi respiración y ahondar en ella es un placer de dioses que me colma constantemente, ofreciéndome más y más comprensión. Me encanta abrirme cada mañana a la luz de los primeros rayos solares. En nuestra cita cotidiana, tan entrañable, me recuerdan la luz que soy en esencia. Bañarme en el mar es una fuente de alegría que frecuento, incluso en invierno, dejándome estimular por el agua fría que vivifica y renueva todo en mí. A menudo disfruto dejando que mi cuerpo dance espontáneamente al ritmo de mi respiración, abriéndose al espacio y soltando cualquier contracción. Aprovecho cualquier oportunidad para caminar descalza en la naturaleza, en comunión con la energía de la tierra. Y aunque no tengamos cerca los bosques o el mar, la naturaleza siempre está aquí, respirándonos, envolviéndonos en este océano nutritivo al que, en todo momento, en cualquier circunstancia, podemos abrirnos. ¡Cuanto potencial disponible, cuántas posibilidades para activar la presencia! Esta presencia es el verdadero secreto, sean cuales sean las condiciones. Es esta adhesión radical a la realidad la que nos colma y nos hace sentir plenos, profundamente nutridos.

Me doy cuenta de que, cuanto mayor es esta conexión con la vitalidad de lo inmediato, menos necesidad experimento de dormir, lo cual me permite aprovechar las primeras horas de la mañana para escribir, meditar o descansar profundamente adentrándome quizás en posturas de yoga que surgen de forma espontánea, invitándome a explorar mi paisaje interior. Estoy aprendiendo a vivir el yoga, que siempre me ha acompañado, en este mismo espíritu de celebración y como una potente vía de intimidad. Me permite explorar vívidamente cuán enraizados están los patrones de separación en mi cuerpo, invitándome a dejarlos aparecer y disolverse suavemente en la luz de la presencia amorosa. Ello me inspira a activar esta íntima consciencia en cualquier situación del día, en medio de cualquier emoción, en el núcleo de cualquier relación.

Momentos de caos, de declive, de dolor, de incertidumbre y extrema vulnerabilidad me recorren también con frecuencia, claro que sí, intensas tormentas conmueven mis entrañas... La confianza profunda en esa vida que me sostiene me invita a dejarme en sus manos en medio de cualquier tempestad aceptando la invitación a abrirme, a descubrir el alimento que esas situaciones me ofrecen.

Mi trabajo como terapeuta me permite ahondar cada día en esta comprensión, al acompañar a otros seres humanos a contemplar, desde esta perspectiva profunda, el sufrimiento que aparece en sus vidas. Es hermoso descubrir que, por muy desastrosas o caóticas que sean las circunstancias, la presencia amorosa que somos tiene el poder de abrazarlo todo y guiarnos en cada instante. ¡Qué nutritivos son estos encuentros en los que aprendemos a mirar profundamente y a reconocer la inocente verdad que es nuestra esencia!

Voy abriéndome así a la nutrición abundante de este momento, a encontrar mi alimento verdadero aquí, en la inmediatez de este instante, más allá de la apariencia que toman las cosas. Curiosamente, lo que hay más allá de esa apariencia solo se revela cuando la contemplamos con amor.

Ahora comprendo ese amor como la apertura y la atención con las que nos acercamos a la experiencia del instante presente. Solo así nos ofrece su tesoro, revelándonos la esencia sagrada que contiene y que es la fuente de la verdadera nutrición.

Este camino de autenticidad, de compromiso total, no puedo transitarlo por mi cuenta. Soy inspirada y guiada en todo momento por la vida, mi amorosa madre, en la que puedo descansar en total confianza. A ella le entrego constantemente mis viejos conceptos restrictivos que, en su seno, son transmutados en una nueva visión.

UN PODEROSO CAMBIO DE PERSPECTIVA

EL TEMPLO DEL INSTANTE PRESENTE

Cada partícula de materia,
en todos y cada uno de los instantes,
en todos los lugares,
no es más que el inexpresable resplandor del ser.
Torei Zenji

Desde muy pequeña, sentía y sabía que la aparente realidad de todo lo que me rodeaba no era nada consistente, a pesar de las supuestas certezas, compartidas por tanta gente, con las que se me presentaban las cosas. Algo se nos escapaba. Intuía que, subyaciendo a ese juego del que parecíamos estar todos tan convencidos y en el que vivíamos tan involucrados, debía de haber algo más hondo, puro y auténtico, a lo que empecé a llamar *la verdad*.

Recuerdo que, a los trece años, se me quedó grabada una frase de la Biblia que decía algo así como: «Lucha por la verdad hasta la muerte y el Señor tu Dios peleará por ti». Ya entonces, mi espíritu guerrero se sintió profundamente conmovido. Sí, lucharía por eso que sentía en la intimidad de mi corazón, sabiéndome apoyada nada menos que por Dios. Pero... ¿dónde encontrar esa verdad limpia y clara, libre de condicionamientos y de historias que me confundían siempre?

Ahora sé: aquí. La verdad no es algo por lo que luchar, nunca nos ha abandonado. Es la realidad profunda que subyace y sostiene todo, de la que todo surge. Es nuestra fuente y nuestra íntima esencia. Pero sí es cierto que, encontrarnos con ella, requiere soltar todo el lastre que le hemos superpuesto. Requiere mirar profundo y considerar este instante como el único espacio en el que puede ser encontrada. Esto convierte a este momento en sagrado, pues aquí, justo ahora, se nos ofrece una reinterpretación total de nuestra vida. Supone, para mí, considerar este instante como un verdadero templo.

¿Qué es un templo? Un espacio consagrado al encuentro con la divinidad, en el que se nos invita a aquietarnos y soltar nuestras historias de pasado y de futuro, todos nuestros conceptos y abrir nuestro corazón a lo inefable, a eso que solo el silencio puede revelar. Algunos lo llaman Dios y, en muchas religiones establecidas, se considera que Él mora en esos templos construidos por el hombre y consagrados a su devoción.

Para mí, esos templos son, simplemente, símbolos del verdadero templo vivo, siempre presente: la luz del ahora, que envuelve y sostiene todo lo que en su seno aparece.

Ningún templo construido por el hombre, por muy maravilloso que sea, puede ofrecernos la espaciosidad, la vida, la disponibilidad constante, que este instante nos otorga.

Nos cuesta creerlo, tanto hemos banalizado la vida, tanto hemos despreciado sus expresiones, tanto hemos juzgado lo que en ella se mueve... Y tanto hemos corrido detrás de algo más brillante, más trascendente o importante, algo que no podía estar aquí de ningún modo.

Y, sin embargo, ella, la vida, ha seguido latiendo siempre aquí, respirando aquí, vibrando, sintiendo, llorando y riendo, doliendo y abrazando, expresando una inmensa riqueza que nuestra mente ignoraba en su loca búsqueda de lo sagrado lejos de aquí. Ella, la vida, ese espacio profundo que todo lo sostiene, ahora y siempre, espera nuestro regreso al hogar. En esa carrera hacia otro tiempo, hemos olvidado la poderosa perspectiva de lo profundo que, si queremos, podemos imaginar como la luz que desciende sobre esa línea horizontal que recorremos. En su intersección, descubrimos el presente, inundado por la luz del ahora, el espacio vivo de la consciencia. Y este deviene, si lo aceptamos, nuestro templo natural en el que podemos aquietarnos en todo instante, dejar que nuestro corazón se apacigüe y contemplar, en el silencio, todo lo que va surgiendo. Esa cruz imaginaria, en cuyo centro se unen las dos perspectivas, la horizontal y la vertical, es nuestro templo. Acerquémonos a conocerlo.

Carece de paredes, no tiene límites, pues la luz no los conoce. En su seno se mueven multitud de objetos: percepciones, sensaciones, sentimientos, pensamientos... experiencias que cambian constantemente. Claro, están vivas. Las imágenes de los templos son más estáticas, pero si lo miramos bien, al igual que ellas, cada *imagen* que aparece en este instante podemos considerarla sagrada, si la contemplamos con la intención de recordar al dios que la habita. Las personas que se mueven aquí merecen toda nuestra devoción, pues son formas en las que se expresa la divinidad que somos. En lugar de seguir utilizándolas para los fines de un *pequeño yo* buscador, nos ofrecen el descubrimiento de su esencia, esa que compartimos. Todo objeto deviene devocional, si aceptamos soltar el uso utilitario que el *pequeño yo* le daba. Si, en lugar de usarlo para conseguir o evitar otra cosa, lo contemplamos en la inocencia del presente, se transforma completamente su sentido. Ahora el único objetivo es recordar la fuente de donde surge, una con la nuestra.

Entonces, los gestos que ejecutamos se convierten en movimientos sagrados que pueden revelarnos la íntima energía que los alienta. Los sonidos que escuchamos en este instante se convierten en la música sagrada que escuchamos en nuestro templo. ¿Que no es tan bonita o inspiradora? ¿Que los sonidos del tráfico o los gritos de los vecinos no despiertan devoción en nosotros? Lo comprendo. Si durante toda nuestra vida hemos estado juzgando y desechando los sonidos, sensaciones, objetos y personas de este momento, lo que sentimos es rechazo, disgusto... Pero no por lo que las cosas son en sí, sino por nuestro modo de considerarlas. Sin embargo, todas las formas que aparecen en este momento son el disfraz que la vida toma, ofreciéndose para ser desvelada, a veces de modos muy sorprendentes.

¿Y si toda forma la consideramos así de sagrada? Si lo pensamos bien... ¿qué es lo que hace que algo lo sea? En el cristianismo, se supone que la consagración del sacerdote, al pedir que esa forma sea el vehículo de la vida de Cristo, es lo que le confiere su sacralidad. ¿Seguro que no pueden considerarse así de sagradas todas las formas? Lo que el sacerdote hace es evocar las palabras de Jesús: «Tomad y comed, esto es mi cuerpo». ¿Seguro que su declaración se restringía al trozo de pan que tenía en las manos? ¿No es toda forma una expresión única de la vida de Dios? Sin nuestros conceptos restringidos, todo es el cuerpo del espíritu y todo está ahí para ser considerado y aceptado como tal... esa es la mirada de la consciencia viva que somos. No desprecia nada, todo es incluido en su amplitud, todo es ella misma. No hay categorías ni preferencias, como tampoco las hay en la radiación del sol, por usar una metáfora. Todo es abrazado y asumido sin distinción.

Jesús decía también: «Que se haga según vuestra fe y vuestra consideración». Por tanto, si miramos desde la consciencia que todo lo abraza, todas las formas pueden ser consideradas como dignas del mismo respeto y amor, al surgir de la misma y única fuente de la que son expresión. Todo es *la sagrada forma*, ofreciéndose como vehículo del espíritu para ser aceptada, para nutrirnos en profundidad.

En los templos cristianos, en un espacio central, hay un sagrario, un lugar especialmente venerado por contener la «sagrada forma», el cuerpo de Cristo que nutre a los fieles en la comunión. ¿Qué simboliza ese sagrario? Para mí, tiene que ver con el espacio interno del corazón. En nuestro cuerpo puede reflejarse en ese lugar que instintivamente tocamos para referirnos a nuestra verdadera identidad, la chispa divina que somos. El corazón espiritual, que intuitivamente evocamos en el centro del pecho, es un portal que nos conecta con la inmensidad. A ese espacio sagrado e íntimo se han acercado muchos seres enamorados de lo profundo, que han encontrado en el silencio del corazón un acceso a la inmensidad.

«Ese *atman* que habita en lo profundo del corazón es más pequeño que un grano de arroz, más pequeño que una semilla de mostaza, más pequeño que un grano de mijo; y sin embargo es más grande que la Tierra, más grande que el espacio intermedio, más grande que los cielos, más grande que todos los mundos juntos [...] Tan vasto como el espacio que nos rodea es el espacio del corazón», se dice en los *Upanishads*. En él todo está contenido: las innumerables formas y expresiones de la vida danzan en ese espacio.

Hay, sin embargo, muchos portales, infinitos accesos a lo esencial y lo hermoso es que cada ser humano va descubriendo los modos únicos en que su existencia se abre más fácilmente a lo inefable.

El templo del instante presente, siempre abierto y disponible para nosotros. Y quizás podemos considerarnos los sacerdotes y sacerdotisas del ahora, cuya tarea es el mantenimiento del templo y su sacralidad. ¿Qué quiere decir esto? Que, sabiendo que el instante presente es todo lo que existe, quizás surja una dedicación, una pasión por conquistar y recordar el carácter sagrado del ahora y el anhelo de mantener esa consciencia. Quizás nos sintamos deseosos de consagrarnos, momento a momento, a descubrir, tras toda apariencia, la verdadera esencia que subyace. Quizás deseemos con fuerza recordarnos que toda forma es sagrada y que, en cada instante, se nos está ofreciendo como un alimento poderoso de la consciencia que somos.

Tal vez haya llegado el momento de dedicarnos a incluir, a dar la bienvenida a todos los aspectos de nuestro mundo, recordando así nuestra profunda unidad, la que olvidamos al rechazarlos. Desde una mentalidad egoica, al temer partes de la experiencia humana queriéndonos separar de ellas por considerarlas amenazadoras, nos privamos de vivenciar nuestra amplitud. Imagínate que, siendo un rayo de luz, te niegas a considerarte unido a todos los demás rayos que brotan del mismo sol. Ello descartaría para ti la existencia del sol como tu fuente, ya que su naturaleza es su emanación continua y consistente.

¡Qué maravillosa perspectiva se nos abre ahora! Recordar la luz que somos, incluyendo todo en ella. Renunciar a cualquier aspecto del presente es negar nuestra grandeza, disminuirnos. Todo está ahí para devolvernos el recuerdo de nuestra gozosa unidad.

Bienvenidas al templo del instante presente, sagradas criaturas que un día rechacé. Bienvenidas todas las experiencias, todo lo que parece suceder, momento a momento. Os reconozco como lo que sois, pura vida sin nombre, expresiones vibrantes de la misma fuente que compartimos. Hoy sois mi alimento, el que nutre mi grandeza recordándola al abrazaros.

COMUNIÓN

Adoro a aquel que está eternamente
presente en todas las cosas,
a él, el ser de todos.
Mahabharata

Sigue muy vivo en mi memoria el recuerdo de ciertos momentos de mi niñez (casi preadolescencia) en los que salía de casa muy temprano, antes de que todos se levantaran, para ir a una iglesia cercana. En aquella época, mi vida estaba muy marcada por el contacto con ciertas corrientes juveniles cristianas. A través de ellas, me sentía inspirada a cultivar esta práctica de empezar el día recibiendo la comunión.

En el silencio de la mañana, sumergida en el espacio amplio y luminoso de la iglesia, casi vacía a esas horas, vivía momentos de profunda intimidad. Recogida en mi corazón, abrazando en mi boca la forma, la «sagrada forma», me sentía invadida por un inmenso poder y un profundo amor.

En mi inocente experiencia, que vivía con entusiasmo y pasión, aquellos eran momentos de nutrición profunda. Algo muy poderoso me estaba alimentando y sustentaría todo mi día, impulsándome a amar todo lo que se presentara ante mí.

Nadie me veía, nadie lo sabía... Aquella niña que ahora contemplo con ternura, se sentía una con el universo, fuerte y respaldada para comenzar una nueva jornada dedicada al amor, pues había sido nutrida de amor. Volvía casi volando a casa con el tiempo justo de desayunar y salir hacia el colegio. Mi corazón cantaba...

Mis disensiones posteriores con la iglesia católica y mi anhelo de autenticidad me llevaron a salir de ese ámbito institucional, que percibía tan estrecho ante la libertad que era tan sustancial para mí.

Sin embargo, el espíritu de la comunión permaneció muy vivo en mi corazón y espontáneamente, empecé a vivirlo con intensidad en contacto con la naturaleza, sentada bajo los árboles, dejándome acariciar por el aire limpio de la montaña, abandonándome sobre la hierba mientras contemplaba la inmensidad del cielo, sintiéndome penetrada por los rayos del sol o escuchando el suave murmullo de la lluvia en el silencio... Algo inefable me conmovía, haciéndome intuir la presencia de lo sagrado en todas esas vivencias, tan entrañables para mí. Me sentía en comunión con la existencia cada vez que me encontraba en un entorno natural.

Sin embargo, me sabía a poco. Restringir la sensación de comulgar con la vida a los pocos momentos que pasaba en la naturaleza era una limitación que vivía con resignación, anhelando siempre poder prolongar esa vivencia más y más.

¿Qué me estaba pasando? Mi verdadero anhelo era la comunión, sentirme fundida con todo, disolverme en todo. Lo descubría como un impulso natural en mí: abrirme a las formas vivas, sentir en mi fuero interno su sacralidad y dejarme inundar por su esencia, reconociendo nuestra íntima unicidad.

Cuando, a los dieciocho años, entré en contacto por primera vez con la respiración, se abrió una puerta inmensa en mi interior. Sentía que el aliento vivo, del que me enamoré, no solo penetraba mi cuerpo constantemente, sino que toda la existencia era permeada por él. Intimando con mi respirar, me sentía en comunión con la vida, unida en ese soplo vital que todo lo sostiene. Sin pretenderlo, con solo conectar con el aliento, podía sentir la hermandad profunda con todo lo que vive. La naturaleza que tanto amaba dejó de estar localizada en lugares privilegiados a los que me tenía que desplazar, para ser sentida en mis adentros, en cada inspiración y en cada espiración, en cada pausa entre ellas.

Poco a poco, esta conexión íntima con la vida ha ido impregnando espontáneamente más y más aspectos de mi existencia. La naturaleza pasó a ser sentida aquí, en mi cuerpo, en mi emocionalidad, en la profundidad de cada experiencia, alentando y sosteniendo cada detalle de mi experiencia presente. La nutrición, las relaciones, los gestos cotidianos pedían comunión, nada podía ya ser excluido. Sentir mi respirar en cada situación se convirtió en un puente sutil, pero poderoso, para comulgar con cualquier aspecto de la vida. Y cualquier momento se me ofrecía como el espacio perfecto para esa intimidad que tanto anhelaba.

El terreno de la alimentación, por ejemplo, se fue convirtiendo en un escenario básico para actualizar esa vivencia en lo cotidiano. Empecé a sentir que cada bocado es portador de esa vida vibrante y radiante que anima el cosmos. Se despertó una pasión por descubrir ese regalo, siempre nuevo, que se nos ofrece cada día, varias veces al día. Supe que comer o beber desde esta consciencia es iluminación. Cualquier cosa que hacemos desde esta contemplación nos ilumina, pues nos conecta con la verdad, la presencia que anima todo lo perceptible y con la que podemos comulgar momento a momento.

Ahora sé que, no solo los alimentos, sino todas las formas que aparecen en mi consciencia, son igualmente *formas sagradas* que esperan ser aceptadas y desveladas. Todo es vida. No solo a través de las experiencias que apreciamos y nos gratifican, sino en el corazón de cada vivencia que sentimos como dolorosa, caótica o desafiante, esa vida que somos se expresa constantemente en su misterioso movimiento.

Con frecuencia aflora en mi consciencia esta frase de Jesús: «Esto es mi cuerpo». Surgidas de su identificación profunda con el ser, estas palabras me invitan a una presencia total en cada detalle concreto de mi cotidianeidad. «Esto es mi cuerpo» puede referirse al contacto con la almohada en la que descansa mi cabeza, esa sensación en mi mejilla es sentida entonces de un modo totalmente nuevo. Puede aludir al bocado de fruta que estoy masticando, conmoviéndome sus texturas y sabores profundamente. Puede señalar a la tensión que puedo estar experimentando en cualquier zona del cuerpo o al dolor de cabeza que se empieza a manifestar...

Sea lo que sea que está apareciendo, comprendo íntimamente que «esto» es el cuerpo, es decir, la forma que está tomando mi experiencia inmediata, el modo en que la vida se expresa para mí ahora mismo, la forma en que la unidad se está manifestando a través de la diversidad. Solo necesitamos abrirnos a contemplarlo en el instante presente, a la clara luz del ahora. Sabernos y sentirnos esa luz. Vivir en íntima comunión con el ser que somos.

Es así como, dejando de nutrir nuestra pequeña identidad, nos reconocemos como un templo, un espacio dedicado a la vida en su totalidad. Espacio vivo y libre, siempre presente, en el que cada instante nos invita a descansar. Todo lo que se mueve en él son *formas sagradas*, ofreciéndose para ser degustadas y desveladas, como regalos que quieren ser desenvueltos, reconocidos en su profunda verdad, la unidad que somos. Piden de mí esa misma disposición que surgía en mi corazón de niña: apertura, devoción, anhelo de amar, entrega desde el corazón.

EL REGALO DEL AHORA

Cuando nos damos cuenta de que la cualidad
no está en el objeto,
sino en el amor que toca el objeto
y lo vuelve revelación,
el sentido interno del objeto
se revela en su unicidad.
Éric Baret

¿Qué estoy buscando en el momento siguiente? ¿Hay algo que me falta aquí?

Cuando tengo la honestidad de detenerme y me permito vivir esto tal y como es, haciéndome una con lo que experimento, lo primero que observo es que algo se completa. El vacío que sentía, y que me impulsaba a buscar algo para llenarlo, se disuelve.

El instante presente es siempre el instante de máxima nutrición. ¿Por qué? Porque aquí, solo aquí, está la vida, expresándose en innumerables formas y matices. Ahora, solo ahora, se me ofrece la posibilidad de unirme a esa vida, ser ella, dando mi atención amorosa a cada aspecto en el que se va expresando, ofreciéndole espacio, dejándolo ser.

Abrirme a la experiencia viva del momento presente es abrirme al campo unificado de energía que sostiene y vivifica todos los fenómenos, en los que normalmente me quedo atrapada, hipnotizada por sus formas.

Esa atención espaciosa es nuestra esencia. No desdeña nada. Una con todo, abraza y permite todo en su radiación, como la luz del sol.

Detengámonos en la imagen del sol. Para mí, no hay una mejor expresión para acercarnos a la realidad del presente. Normalmente, confundimos el ahora con el contenido de la experiencia inmediata. Puedo concebir mi presente como un conjunto de experiencias, como el acto de escribir en el ordenador, oír el sonido del tráfico que me llega mientras tanto, registrar las ideas que me van surgiendo, percibir los objetos de la habitación en la que me encuentro o sentir las sensaciones emocionales que experimento mientras escribo... Y sí, todo ello está apareciendo y moviéndose en mi presente. Todo ello es el contenido, la danza de las formas que lo habitan. Sin embargo, no hay nada estable ahí. Más allá de todo lo perceptible, hay un campo vivo en el que todo ello se está dando, un espacio luminoso en el que todo va y viene sin el cual nada de ello sería posible. La luz, poderosa y radiante, no tiene forma, pero sostiene y abraza todas las formas. Inunda con su presencia todo el devenir de lo que cambia. Envuelve, penetra y constituye la esencia de todo objeto y, sin embargo, no varía con las alternancias de estos. Subyace como sustancia de todas las experiencias mientras estas cambian de forma constantemente. Ese espacio, que me gusta llamar la luz del ahora, es la naturaleza esencial de todo lo que existe. Siempre es, no cambia. Es el espacio del eterno presente en el cual las formas aparecen y desaparecen. Su naturaleza es iluminar, envolver, sostener, inundar todo de su calidez, nutrir...

Si, cuando queremos vivenciar el instante presente, nos detenemos solo en los objetos que en él se mueven, experimentamos una reducción, ya que la naturaleza de lo perceptible es limitada. Por muy interesante que sea la experiencia o por mucho que tratemos de adornarla, si no estamos en contacto con la espaciosa luminosidad en la que aparece y de la que es expresión, nos sentiremos pronto agotados. ¿Qué es lo que hace que una experiencia sea siempre nueva y la vivamos con entusiasmo? Lo que se encuentra más allá de la forma, el espacio luminoso del presente, la vida sin forma de la que todo surge. Unirnos a ella, ser ella, es sabernos infinitamente abundantes y afortunados, ya que esa fuente es inagotable y está siempre presente.

Al ofrecer espacio a todo lo que aparece, nos reconocemos como consciencia. Más allá de las formas que esta vida tome, podemos descansar y sentirnos en casa con todo. A través de miles de formas (pasos, movimientos, bocados, respiración, palabras, sensaciones, sentimientos...) la existencia nos está llamando siempre a unirnos, a sentir su intimidad. Lo que sucede es que, al rechazar mentalmente las apariencias que va tomando, nos separamos de ella y dejamos de sentirla. Nos vamos del hogar que nos acoge al buscar en un futuro donde no hay nada, pues no existe.

Ir más allá de las voces de la mente que me indican que lo que hay aquí es incorrecto, inadecuado o insignificante, nos permite acoger y vivir cada experiencia desde la profundidad, abrazándola, sintiéndonos una con ella. Solo así es posible conectar con su esencia escondida tras la apariencia. Y en esto consiste la verdadera nutrición: en asumir la vida momento a momento, en inundarla de consciencia uniéndonos a su esencia. Así descubrimos nuestra profunda unidad, que había quedado velada bajo la forma.

Este es nuestro verdadero poder. Nos damos a la vida y dejamos que la vida nos ofrezca su regalo: el reconocimiento de lo que somos de verdad. Para eso es necesario no desdeñar ningún detalle de la existencia. Todo está aquí ahora llamándonos a la unidad.

Cualquier momento es perfecto para unirme a la experiencia presente:

¿Qué hay aquí ahora?

Sin necesidad de hacer nada, me aquieto. Me dejo estar como estoy y dejo que todo sea como está siendo. Contemplo, observo con atención: la respiración, en su constante fluir, se deja sentir; hay un ir y venir de objetos, personas y sucesos que percibo; aparecen sensaciones en el cuerpo; movimientos emocionales me atraviesan; puedo darme cuenta de los pensamientos que recorren mi mente... Todo es permitido, sentido, en la amplitud del ser.

Sea dulce o amarga la experiencia que se presenta, delicada o abrupta, amable o abominable para el ego, la vida no se detiene. Su despliegue es incontenible. Es nuestra pequeña mente la que se entretiene en catalogar las experiencias, en decidir, según sus juicios, de cuáles se retira y cuáles acepta. No existen estas categorías para la presencia viva que todo lo impregna y lo sostiene. No existen condiciones para el amor.

Imitemos a la vida, seamos un sol para cada instante de nuestra existencia. Descubrámonos como pura vida que todo lo abraza. En ella todo está contenido. Por tanto, amigos... la abundancia está servida.

¿Qué hay aquí ahora?
Esto.

¿Para qué estoy aquí?
Para amarlo.

¿Qué es amarlo?

Vaciarme de todo lo que creí,
dejando que todo sea lo que es.

Contemplar lo que va y viene
en el espacio inmenso del SER.

Reconocer en cada experiencia
la misma vida que me anima a mí.

Dejarme nutrir por la abundancia
que se expresa ahora mismo,
en este instante, aquí.

¿QUÉ NECESITO DE VERDAD?

Necesito poco,
y lo poco que necesito lo necesito poco.
Francisco de Asís

Siempre he sabido intuitivamente que muchas de las necesidades que hemos asumido no tienen una base real. Desde muy joven, percibía que lo que en mi entorno se consideraba como necesario o incluso indispensable estaba, la mayoría de las veces, basado en convenciones y leyes que no tenían nada que ver con mi verdad interior.

Durante siglos, hemos ido obedeciendo unas normas y prescripciones basadas en la supervivencia. Esas normas tienen su propia lógica en el marco de una perspectiva meramente física, alejada de la integridad de lo que somos. Hay leyes que tratan de regir la nutrición, estableciendo los porcentajes de nutrientes que se consideran imprescindibles (proteínas, vitaminas, minerales...) y las cantidades de los mismos que se deben ingerir en tales o cuales condiciones. Existen prescripciones en torno al sueño, al ejercicio físico, al mantenimiento de la salud, a la curación de las enfermedades, a los intercambios sexuales... considerando que las necesidades en estos ámbitos son generalizables a todos los individuos. Estos, perdido el contacto con su propia vida, se dejan instruir y aconsejar por los supuestos expertos que van determinando lo que se supone es necesario para vivir equilibradamente.

Muchas de estas normas se han ido elaborando desde una concepción de la vida escindida de nuestra verdadera naturaleza, desde una perspectiva dislocada basada en la separación. De ella se deriva una sensación de carencia y peligro de la que surgen innumerables necesidades que hay que satisfacer para proteger y sostener al cuerpo. En este, que se considera nuestra identidad, se enfoca constantemente la atención.

Se nos pasa por alto, al considerarnos encerrados en los estrechos límites del cuerpo, que somos energía, vida pura expresándose. Nadie nos enseñó que la frecuencia a la que vibramos determina, en gran medida, la vitalidad que sentimos y la sensación de plenitud o de carencia que experimentamos. Ignorar lo que somos realmente nos mantiene en un nivel vibratorio de escasez, al que nos hemos habituado. Esa ignorancia es la causa de todo el sufrimiento que experimentamos y se expresa, a nivel físico, en una cansina búsqueda de sustitutos de la plenitud olvidada, tratando de llenar nuestras supuestas «necesidades». Al invertir tanto en ellas, perdemos de vista aún más la amplitud, la fuente inagotable en la que existimos y que nos sostiene naturalmente. Nos cansamos al esforzarnos por llenar tantas condiciones, por conseguir tantas cosas que creemos necesitar. Apenas nos queda energía libre para vislumbrar y sentir el poder sostenedor de ese océano vibrante en el que vivimos inmersos.

El enfoque sostenido en el ámbito de las «cosas», disminuye nuestra frecuencia y nos sentimos «densos», encerrados en un mundo que, en realidad, no es nuestro verdadero hogar. Intentando que lo sea, nos cansamos y cada vez nos sentimos más hambrientos y necesitados.

El *yo separado* es, por definición, un *yo hambriento*. Cuando nos identificamos con él, esta hambre ancestral no solo se manifiesta físicamente en una constante sensación de necesitar alimentos o cosas que tomar. Emocionalmente, nos sentimos como ávidos buscadores de atención, aprecio o apoyo. Mentalmente hay una búsqueda incesante de estímulos y de información que no nos permite aquietarnos y acceder al silencio y la espaciosidad que somos. Incluso espiritualmente, el hambre de algo que nos llene, a veces toma forma de búsqueda de estados, maestros y consecuciones que nos den seguridad y tranquilidad, que nos aleja de nuestra íntima conexión con el ser.

Cuando empezamos a reconocernos más allá de la limitación de esa entidad cuerpo-mente y la comprendemos como lo que es, un vehículo para expresarnos y experimentar la vida, todo cambia. Esas supuestas leyes que pretendían guiarnos, dejan de ser tan determinantes, ya que nos sentimos sostenidos naturalmente desde lo profundo. En contacto con lo que somos verdaderamente, se revela su inconsistencia. Sabiéndonos vida, la experiencia de ser nutridos y atendidos en ella, sin esfuerzo, es natural.

El cuerpo sigue ahí, claro, lo amamos y lo cuidamos, pero no desde la compulsión por mantener una imagen ni por el miedo a que se deteriore. Nuestro foco está en ser lo que somos, en vivir cada instante plenamente. Y esto lo cambia todo, pues ese contacto con la vida momento a momento es profundamente nutritivo y estimulante. Puede que notemos que todo empieza a fluir sin esfuerzo desde una fuente abundante e inteligente a la que nos habíamos cerrado.

Quizás nos demos cuenta, de que todas esas supuestas necesidades referidas al cuerpo físico, a la emocionalidad y a la mente, que hemos considerado esenciales no son tan absolutas.

No hay que dormir un mínimo de horas establecido, pues podemos confiar en las señales naturales de nuestro cuerpo. Descubrimos que el descanso es nuestro estado natural y que puede experimentarse en cualquier situación que vivimos conscientemente. Dormir es solo una de las muchas formas que toma el descanso y su necesidad es muy variable de unos individuos a otros y de unas circunstancias a otras.

Empezamos a constatar por la experiencia directa que no «hay que tomar tales y tales cantidades de proteínas, vitaminas o minerales» para estar nutridos, sino que podemos confiar en la capacidad natural para sentir en cada momento qué necesita nuestra fisiología, si es que necesita algo. Comer alimentos sólidos es solo una de las formas que puede tomar la nutrición en el mundo físico. Cuando estamos abiertos a la vida, su energía permea y nutre nuestras células de forma natural, a través de todo lo que vivenciamos, y ello puede reducir espontáneamente nuestra necesidad de alimentos sólidos. También puede aumentarla en otros casos. En efecto, a veces cuando la contracción que nos cierra a la vida se disuelve, podemos experimentar una apertura a degustar, a disfrutar de la energía viva de los alimentos que antes no apreciábamos. Comer se puede convertir en un acto de comunión espontánea con la existencia, guiado por la intuición y la alegría, sin necesidad de normas ni sistemas.

Vamos descubriendo también que tantas medidas de protección que hemos podido considerar necesarias, dejan de tener un valor absoluto. No hemos de vivir pendientes de protegernos de agentes perjudiciales para la salud, pues la paz que sentimos es una protección natural y constante e incluso un poderoso activador del sistema inmunitario a nivel físico. Ello no descarta que, eventualmente podamos recurrir a tomar medicamentos o cualquier producto que pueda ser beneficioso en una circunstancia determinada. La cuestión no es qué hacemos o no hacemos, sino de dónde surgen nuestras acciones. Desde la confianza en el ser que nos sostiene, todo cobra una nueva funcionalidad y todo, en el mundo físico, deviene su amorosa expresión.

Las necesidades emocionales que consideramos «normales» empiezan a desdibujarse al sentir nuestra compleción en brazos de la vida. ¿Para qué buscar un reconocimiento o un amor externo cuando nos sentimos plenos, unidos a la inmensidad del todo que cuida de nosotros? No necesito una pareja para encontrar mi estabilidad, pues ya me siento estable, ni un grupo de amigos para sentirme querida, pues estoy en contacto con el amor que es mi esencia. Y, sin embargo, descubro que en presencia de mi pareja o cuando me encuentro entre amigos todo es intenso, disfrutable y rico en experiencias.

Es posible que empecemos a observar la reducción que supone circunscribir eso que llamamos sexualidad a los típicos intercambios que se realizan en modos establecidos y en circunstancias reservadas para ello. Quizás nos abramos a descubrir la posibilidad de vivir haciendo el amor con la vida en todo momento... ¿Por qué privarnos de ello? No, no estoy poetizando. Cada experiencia nos ofrece la fusión con la totalidad si nos acercamos a ella desde la apertura del corazón. Todo nuestro cuerpo es sensitivo, amoroso. Todo se estremece cuando vivimos abiertos a la vida en todas sus expresiones y dejándonos tocar, acariciar, penetrar por ella a través de todo lo que experimentamos. Me gusta decir que la vida es orgásmica en sí misma, y esto lo vamos descubriendo a medida que nuestro cuerpo se va liberando de tanta contención y sus poros se abren a la luz del ahora.

Quizás comenzamos a darnos cuenta también de que esa constante inquietud en torno a los contenidos mentales, pretendiendo acumular información, deja de interesarnos al familiarizarnos y descansar en la transparente vacuidad de la consciencia. De ella surge naturalmente el impulso para acceder a todo lo que necesitamos saber y comprender en el momento adecuado. Empezamos a experimentar una extraordinaria lucidez no basada en almacenar conocimientos, sino en la curiosidad y el entusiasmo por conocer profundamente a través de toda experiencia.

Cada vez nos sentimos más confiados en la vida que nos sostiene y que va guiándonos, momento a momento, de forma fluida y fácil. Esa confianza nos va llevando a una ligereza, a una clara sensación de necesitar muy poco del mundo de la forma. Como decía Francisco de Asís: «Necesito poco y lo poco que necesito, lo necesito poco». Nos sentimos plenos naturalmente y eso es liberador... Y, sin embargo, disfrutamos de todo ese mundo que sigue ahí, ofreciéndonos experiencias y comprensión constante. Los alimentos que tomamos, las emociones que sentimos, las relaciones que nos acompañan, las situaciones que vivimos, pasan a ser modos de expresar y de apreciar la vida bajo todas sus formas. Vivimos su danza con entusiasmo, por el gozo de danzarla, pero ya no estamos buscando en ella llenar nuestras carencias o protegernos de nada.

Cuando a mis dieciocho años descubrí esa dimensión viva de mi ser a través del contacto con la respiración, muchos de los presupuestos en los que había basado mi existencia, comenzaron a tambalearse. Me fascinaba sentir que, a través del íntimo contacto con el aliento, mi energía vital se intensificaba enormemente. Me sentía capaz de todo. Era, simplemente, vivida por una existencia poderosa que, saliéndose de mi cuerpo, operaba con inmensa facilidad y fluidez en el mundo. Me sentía nutrida cada vez con menos alimentos, es verdad, pero también mis necesidades emocionales de aprobación, apoyo, reconocimiento... se disolvieron ante la intensidad de la vida radiante y expansiva que sentía moverse en mí. Mis pensamientos dejaron de girar por los antiguos circuitos de lo conocido y en su lugar surgió una enorme curiosidad por conocer, un amor por la comprensión y una gran creatividad.

Varias «hambres», de un plumazo, se veían satisfechas sin ningún esfuerzo. Había creído que necesitaba, para estar nutrida, tales y cuales alimentos físicos, ciertas condiciones vitales, satisfacción emocional, conocimientos intelectuales, una posición económica reconocida en el mundo y ahora, de un modo incomprensible, me sentía plena y colmada. El contacto con la realidad me mantenía llena de vitalidad, entusiasmo y con una lucidez no basada en objetos que consumir o asimilar. Esa conexión con la vida misma lo era todo. Y de ella se derivaba todo.

Esa experiencia que me regaló la vida durante un tiempo, me marcó para siempre, arraigando en mí el sabor de lo real. Aprendí a confiar en la existencia, sin querer engañarme más con sucedáneos ni falsas necesidades.

Así va siendo mi aprendizaje... cada uno de nosotros está recorriendo una aventura única a la que se debe. Aunque en nuestra esencia no hay separación ni distinción, la experiencia que cada ser humano está viviendo es totalmente original. Todas son perfectas, son los infinitos modos que la consciencia tiene de reconocerse a sí misma en el mundo de la forma. Compartiendo los mismos escenarios, la percepción que tenemos de la existencia es muy distinta. Según la perspectiva en la que nos situamos, nuestras necesidades son muy diferentes. En este sentido, para mí, no son posibles las generalizaciones, pues cada camino es precioso y necesario en el seno de la totalidad.

Todos estamos invitados a conectar con la vida que nos sustenta y a aprender de ella. Escucharla nos pone en contacto con lo que realmente es «necesario» para nosotros momento a momento. Nada de ello nos define ni nos confiere identidad. Sin grandes planes y elucubraciones, si confiamos en la simple intuición que nos guía, todo es fácil. Sin embargo, esta escucha se ve muy dificultada por el alejamiento mental de la vida presente. Conectar con ella, aquí y ahora, es esencial. En ese contacto, muchas supuestas necesidades quedan colmadas al ser iluminadas y abrazadas por la presencia.

Cada instante es una oportunidad para abrirnos al océano de la existencia, a la vida libre y espontánea que somos. Esta se expresa muchas veces como vulnerabilidad, confusión, miedo, soledad o frustración y el ego rechaza esas formas por considerarlas incontrolables, evitándolas o lanzándose a su persecución. La vida, a veces, aparece como «necesitada», hambrienta de amor, sedienta de contacto, busca atención. Con frecuencia, se la negamos para irnos a vivir a un mundo mental que no es el nuestro. Darle su alimento verdadero, ofrecerle presencia, reconocimiento, nutrición... nos devuelve a la consciencia que somos, profundamente amorosa y siempre plena.

En realidad, nuestra única necesidad es esa, recordar el ser radiante, la presencia viva que es nuestra naturaleza. Ofreciéndola, siéndola para todo lo que aparece en nuestra consciencia, recordamos y reconocemos nuestro verdadero lugar y recuperamos la plenitud. Abrazando, acompañando, nutriendo de amor todo lo que aparece en el instante, conectamos de nuevo con la esencia amorosa y profundamente nutritiva del ser que somos.

SOSTENIDOS POR LA VIDA

El Tao da nacimiento a todos los seres,
los nutre, los mantiene,
vela por ellos, los conforta, los protege,
los trae de regreso a sí,
creando sin poseer,
actuando sin desear, guiando sin interferir.

Es por ello que el amor del Tao
está en la naturaleza misma de las cosas.
Tao Te Ching

Pasamos mucho tiempo de nuestra vida buscando sentirnos sostenidos, intentando paliar nuestra sensación de soledad y desamparo. Buscamos trabajosamente para ello el reconocimiento, la aceptación o la protección que el mundo parece negarnos. Y aunque los recibamos, no solemos sentirnos satisfechos. En la base de nuestro sufrimiento se encuentra la idea de carencia, que podría enunciarse así: «Esto no es suficiente».

Cuando creemos que nos falta algo para estar completos, automáticamente nos separamos de la vida y nos sentimos solos en medio de un mundo que no parece sostenernos. Surge la necesidad de hacer algo para conseguir otra cosa, la búsqueda ávida de algo más a través de otras fuentes de nutrición lejanas e inciertas, en el futuro, sin darnos cuenta de que todo nos es dado ahora. La confianza desaparece: ya no nos sentimos nutridos naturalmente y tenemos que «ganarnos la vida» haciendo cosas con esfuerzo. Es así como perdemos nuestro paraíso interior.

El camino de vuelta a casa consiste simplemente en abrirnos a la realidad, en fusionarnos de nuevo con ella. En aceptar comer de los frutos del árbol de la vida, que nos son dados en abundancia. Esa vida sustenta y anima todo. Esa vida es todo.

Cuando dejamos de juzgarla y la vivimos tal cual es, a cada instante, volvemos a sentir que somos ella, que nunca hubo separación. Conocemos así un estado de consciencia en el que *no tenemos que hacer nada para llegar a otro* sitio porque ya está todo aquí, presente. Todo nos nutre.

La verdad es que, a través de las personas, la naturaleza y nuestras condiciones particulares de existencia, estamos recibiendo apoyo y alimento continuamente. Formamos parte de un gran todo que es nuestra esencia y se expresa a través de nuestras experiencias constantemente. Sin embargo, al ser inconscientes de ello, al no darnos cuenta de que en cada momento estamos siendo nutridos, protegidos y sostenidos de forma natural, pasamos la vida buscando de manera forzada aquello de lo que creemos carecer.

«Ganarás el pan con el sudor de tu frente» es la frase bíblica que expresa este estado de consciencia alienado en el que, al sentirnos separados, todo nos parece tan costoso.

La parte de nuestra mente que percibe así no está conectada con la realidad: no está presente, no siente, no ve, no oye y, sobre todo, no se da cuenta de que respira. Vive en un mundo ilusorio sin detenerse en la experiencia real del presente.

Es la mente del *pequeño yo* que se siente desnutrido al percibirse separado de su fuente. Ese personaje ficticio con el que nos confundimos busca con desesperación algo que le llene ese vacío. Se nutre de cosas ficticias para poder sobrevivir: aprobación, reconocimiento, poder..., sucedáneos de su verdadera fuente de vida. Lo usa todo para ese fin: sus relaciones, sus actividades, sus ideas, sus posesiones, su imagen... «¡Eh! Miradme, llenadme, completadme, por favor, nutridme», parece estar pidiendo. Toda su vida gira en torno a ello. Se esfuerza continuamente y por eso está tan cansado.

Sacrifica así —eso sí que es un sacrificio— la vida que se le está ofreciendo a cada instante, inagotable, abundante..., real. Se separa de ella para ir a buscar por su cuenta un alimento que no alimenta.

Esa búsqueda será siempre infructuosa. No encontramos el verdadero pan que nos da la vida: el reconocimiento de los demás no parece nutrirnos, los alimentos que tomamos no parecen llenarnos o nos pesan, las relaciones finalmente no nos colman ese hueco... Nos sentimos desnutridos, desconectados, cansados de buscar donde no hay.

Si lo miramos bien, la sensación de carencia que experimentamos no proviene de una falta de recursos, sino de un modo muy superficial de comprender la economía. Para mí, la verdadera economía surge de la consciencia que nos invita a invertir allí donde las ganancias están aseguradas. El cansancio y el vacío que sentimos es el efecto de estar invirtiendo nuestras preciosas energías donde no hay dividendos. ¿De qué estoy hablando? Precisamente de centrar nuestras expectativas en el mundo de la forma, creyendo que la abundancia que anhelamos proviene de conseguir objetos, relaciones o logros en ese ámbito. No, el mundo de la forma es inconsistente y, considerado como algo aislado de la fuente, nunca nos satisfará, dejándonos agotados y decepcionados. Pensando sin cesar, nos recluimos en la mente, que absorbe nuestra vitalidad y alegría con su funcionamiento compulsivo. El cuerpo se encoge y nos sentimos vacíos, carentes y apagados. Esa pérdida de energía nos está indicando algo sustancial: la necesidad de invertir donde realmente hay abundancia: en la vida que somos, siempre presente, siempre disponible. Al entregarnos a ello, empezamos a saborear la ligereza y la confianza de ser sostenidos naturalmente. Evitamos así ese desgaste que supone vivir alimentando una búsqueda infructuosa, intentando esforzadamente que las cosas sean como querríamos que fueran al no sentir su perfección intrínseca.

Tan solo con detenernos y tomar consciencia serenamente, esta forma de percibir tan limitada se disuelve por sí misma. Si simplemente aceptamos, en este instante, conectar con nuestro respirar y descansar en su fluir, notamos que nos abrimos a una comprensión más profunda, que las palabras solo pueden indicar. La vida está aquí ahora, en la intimidad de este aliento.

A veces, cuando me detengo a sentir cómo el aire va entrando en mi cuerpo, inundando de vida cada rincón y liberando al espirar todo desecho, me emociono al darme cuenta de que *no tengo que hacer nada* para que suceda. Ningún esfuerzo, trabajo o sacrificio que realizar para que el soplo vital se adentre continuamente en mí, renovándome por dentro. Yo no respiro, soy respirada por la vida. Cada aliento me conecta con una energía nutritiva que me mantiene viva, permitiendo que todas las funciones de mi cuerpo se realicen con total perfección momento a momento. Soy sostenida, vivo conectada con una fuente de vitalidad que fluye a través de mí al respirar. Igual que cuando enchufamos cualquier aparato a la red eléctrica.

Sentir la vida que se mueve en mí, expresándose en infinidad de sensaciones, roces, vibraciones, temperatura, latidos... me conecta con la existencia, disolviendo en la nada los juicios y conceptos que la pequeña mente pudiera generar sobre ella. Solo detenerme a contemplar esta realidad, observando cómo sucede sin mi intervención, me sumerge en un estado de reconocimiento y compleción. Me siento nutrida en esta consciencia de que «algo» se ocupa de mí continuamente.

Al espirar, ablandándome, me dejo acoger en mi asiento. Una fuerza poderosa me atrae a través del sillón hacia el suelo. Me entrego, soltando toda resistencia, a la inmensa madre que sostiene mi cuerpo. Estoy aquí sentada sobre el regazo de esta tierra que me sustenta sin condiciones. Puedo seguir abandonándome a esa atracción poderosa, experimentando lo que en mi deambular apresurado por el mundo soy incapaz de notar: el sostén de la vida. Y no tengo que hacer nada para ello. Como la respiración, sucede incondicionalmente. Se me da.

La misma incondicionalidad podemos vivirla en nuestras relaciones: cada ser humano es un alimento, una expresión única de la vida que somos. En vez de desvelarlo, solemos quedarnos enfocados en su envoltorio (forma, comportamiento, palabras...). Automáticamente, surge la interpretación y, al darla por cierta, si no nos gusta la historia que nos contamos, quizás nos alejemos... Nos privamos así de una esencia sagrada que estaba destinada a nutrirnos de verdad. Cada encuentro es una oportunidad de conectar con la vida nutritiva que somos. En la relación se nos da una energía preciosa que quiere ser asimilada. Si la absorbemos, se despierta nuestra energía, se moviliza nuestra comprensión, se conmueve el corazón... ¡Pura nutrición!

Cada alimento, igualmente, contiene esa vida. Pero si nos acercamos a él cargados de conceptos, pensando en otros asuntos o inconscientes de su riqueza, nos la perdemos. Si, en vez de saborear su vitalidad de este momento, pensamos en ellos según las experiencias pasadas o adelantándonos al futuro, no pueden nutrirnos realmente. En cambio, cuando estamos presentes al comer, nos sentimos conectados con esa energía que nos nutre de verdad. Podemos, más allá del envoltorio, de la apariencia, conectar con la energía del universo: el sol, el aire, la tierra, el agua..., sentirnos sostenidos por ella. Cada bocado de comida es pura energía solar concentrada que se libera en nuestra boca al ser masticada, apreciada y reconocida por la consciencia con la que comemos. La invitación es la misma que cuando nos relacionamos profundamente con alguien: vamos más allá de nuestras ideas, más allá de la apariencia externa, para conectar con la vida que anima a esa persona, deleitándonos con su mirada, su emanación, su calidez, su luz. Eso nos nutre de verdad.

Luz, colores, formas, sonidos, sensaciones, texturas, sabores y aromas sin fin pueblan nuestro mundo, ofreciéndonos su regalo, nutriendo nuestra sensibilidad.

Sentimientos y emociones nos atraviesan y, si nos detenemos a contemplarlos sin juicio, a respirar con ellos, nos dejan la ofrenda de una intensa energía que ahora circula libre, sin contención, extendiéndose y nutriéndolo todo.

Pensamientos, ideas, imágenes... surgen en la pantalla de mi mente, invitándome a contemplarlos desde la espaciosidad de la consciencia, que se hace así evidente. Otras veces, estimulan mi creatividad, inspirándome a darles forma.

Todo es alimento, todo es nutrición, todo nos sostiene cuando, en lugar de buscar ávidamente o rechazar por automatismo las cosas, nos detenemos simplemente a contemplar lo que se nos ofrece en este preciso instante bajo la forma de un bocado, una respiración, un asiento, un encuentro, una mirada, un sonido, una emoción...

Es esa detención silenciosa la que nos permite abrirnos, no solo a las experiencias momentáneas que vivimos, sino al océano que las sustenta y es su origen.

Nos abrimos al espacio nutritivo del ser, a la gran madre sostenedora de todo acontecer.

Aunque aparezca como «nada», lo permea todo y es la sustancia íntima de toda experiencia. Cuando la danza se detiene, en muchos momentos, volvemos a descansar en su regazo como niños cansados que, tras sus juegos, buscan el abrazo de su madre.

Necesitamos aquietarnos, reconocer esa presencia silenciosa, dejarnos sostener. Nos invita a ser ella, a reconocernos como presencia viva que todo lo abraza. Así descubrimos el íntimo tesoro que buscábamos tan lejos. Nos abrimos a la fuente ilimitada de la abundancia, que no proviene de lo que sucede, sino de la presencia, del amor con el que vivimos cada instante, ofreciéndole a toda experiencia el caudal nutritivo de nuestro ser.

NUTRIDOS DESDE EL CORAZÓN

DE LA BÚSQUEDA ADICTIVA AL ENCUENTRO DE AMOR

*Ser uno con el mundo significa tener devoción
hacia todos los seres de la tierra como si fueran Dios.*
Nisargadatta Maharaj

¿Por qué nos sentimos tan desnutridos, a veces, en nuestro vivir cotidiano? ¿De dónde procede esa sensación de carencia que nos encoge y nos contrae? Hemos olvidado nuestra unidad indisoluble con la vida. Al sentirnos desconectados de esa fuente poderosa que nos nutre constantemente, hemos perdido también la consciencia de la vitalidad sagrada de la que todo está henchido. Al considerar las cosas y situaciones que nos rodean separadas de la vida única que las sostiene, nos parecen huecas, vacías. Desde el aislamiento que sentimos, no sabemos conectar con ellas, privándonos así de su energía nutritiva.

Lo que me apasiona compartir es que la vida, en sí, es pura nutrición. Cada momento es un banquete abundante que se nos ofrece. Todo rebosa de energía viva, siempre invitándonos a comulgar con ella. Como repetidamente comparto en estas páginas, si no nos dejamos frenar por nuestros conceptos sobre las formas que toma esa energía, podemos sentirnos constantemente sostenidos y alimentados de infinitas maneras.

Los niños pequeños nos muestran espontáneamente esta posibilidad. La psicología describe como «animismo infantil» esa natural consideración de que cualquier cosa está llena de vida. Sin tener aún integrados los conceptos de animado o inanimado, los niños se relacionan con cualquier objeto como algo vivo que les entusiasma.

Desde muy pequeños también, tienden a llevarse a la boca lo que les llama la atención, como su forma intuitiva de conocer algo, saboreándolo y comulgando con ello. También a nosotros, a veces, cuando nos sentimos conmovidos o llenos de amor por ciertos gestos de los niños, nos surgen expresiones como «me lo comería», quizás aludiendo a ese anhelo de fusión con lo que amamos.

Estas páginas son una invitación a sentirnos profundamente nutridos, recuperando una sabiduría que siempre nos ha acompañado: cada aspecto de la vida es una fuente constante de vitalidad. Solo necesitamos encontrarnos con ella en el presente, aprendiendo a contemplarla y reconocerla más allá de la apariencia. Al comulgar con esa esencia nutritiva de la que todo está hecho bebemos de un manantial de inagotable plenitud. Ello solo es posible desde una perspectiva muy diferente de la que normalmente utilizamos: la consciencia viva que es nuestra esencia, el corazón.

Al identificarnos con un cuerpo-mente, olvidamos la amplitud que somos, en la que vivimos constantemente nutridos. Habiéndose encerrado nuestra energía vital en la pequeñez de la mente pensante, alimentando pensamientos basados en la escasez, nos sentimos carentes y solos. Desde ese aislamiento, nuestra percepción de la vida se restringe muchísimo, limitándose a un mundo de «cosas» que nos parecen aisladas unas de otras y de las que creemos depender.

Nuestro sistema actual de alimentación, así como el modo habitual de relacionarnos con los demás, con las situaciones, con nuestro propio mundo interior, surgen de esa perspectiva artificiosa, la separación.

Al no sentir la plenitud que nos sostiene, dedicamos nuestra energía a buscar, en la línea horizontal de la existencia, sustitutos de esa plenitud natural. Nuestras relaciones con el mundo se convierten en modos de anestesiar el vacío y el dolor que ese olvido fundamental genera en nuestro sentir. Con la secreta esperanza de recuperar «el paraíso perdido» buscamos personas, situaciones, alimentos, sustancias... «que nos llenen». Desde esa falsa percepción de lo que somos, creyéndonos entidades separadas, solo vemos un mundo de objetos aislados cuya función parece consistir en llenarnos de eso de lo que creemos carecer.

Todas nuestras relaciones con el mundo brotan de esta motivación íntima, buscar la compleción perdida. Y por ello suelen resultar tan frustrantes y dolorosas: ningún objeto puede, por su misma naturaleza limitada y pasajera, ofrecernos la consistencia que anhelamos.

La nutrición es una de esas relaciones que se ha establecido desde esta perspectiva disminuida y, si nos acercamos a mirarla en profundidad, vemos reflejadas en ella las mismas leyes que rigen cualquier otra relación desde la horizontalidad, ya sea con seres humanos, situaciones, posesiones...

Mirémoslo bien, pues es muy simple y evidente. Al considerarnos simples cuerpos que necesitan sobrevivir en medio de un universo amenazador, reducimos la nutrición al ámbito físico. Nuestra atención se enfoca en la comida, en la ingestión de alimentos en los que, con frecuencia, proyectamos, más allá de su natural función, la de llenar nuestra emocionalidad, el doloroso vacío generado por haber olvidado nuestra verdadera naturaleza. Sintiéndonos separados, buscamos al tomarlos un sucedáneo de la verdadera conexión con la totalidad de la vida. Les damos muchos «usos» paliativos que no tienen nada que ver con su uso natural. Al enfocarnos tanto en ellos buscando calma, seguridad, refugio, distracción, protección... sobredimensionamos su importancia. Percibiéndolos escindidos del todo que los sustenta, les otorgamos un poder que, en sí mismos, no tienen.

Es exactamente lo mismo que sucede en cualquier relación adictiva, ya sea con personas o situaciones. Dejamos de verlas en su unidad natural con la totalidad y las sacamos de su contexto al querer apropiarnos de ellas. Intentamos inútilmente y con esfuerzo que nos den la plenitud olvidada, algo imposible desde esa reducción.

En esto consiste el sufrimiento que experimentamos en nuestras relaciones: les pedimos algo imposible, adjudicándoles una función que no es natural. De ahí tanto esfuerzo, lucha, temor, malestares e incomodidades. Queremos que colmen el vacío generado por nuestra propia ausencia. Cuando nos frustramos ante la dificultad, solemos creer que el problema se encuentra en «la cosa», y podemos optar por cambiar de pareja, buscar un nuevo trabajo, encontrar alimentos mejores o novedades que nos satisfagan más. No tardamos en volver a sentir frustración, ya que el autoengaño no suele funcionar. Pero, aun así, puede que sigamos intentándolo, haciendo acuerdos, concesiones... Hasta que llega un momento en que quizás optamos por no implicarnos en las relaciones para no sufrir tanta decepción y tratamos de buscar artificiosamente las maneras de vivirlas sin comprometernos, sin apenas rozarlas.

Sin embargo, por muchas vueltas que le demos, no se encuentra ahí la solución; es mucho más simple. En realidad, lo que nos daña en nuestras relaciones no son los objetos (personas, situaciones, cosas...) con los que nos encontramos, sino esa perspectiva de búsqueda que nos mueve hacia ellos, separándonos así de nuestra radiante naturaleza y confundiéndonos con un ente disminuido y necesitado. Este experimenta dolor y resentimiento cuando esas asociaciones «le fallan» y surge el impulso de atacar, al proyectar en ellas la causa de su malestar.

Necesitamos soltar todo lo que hemos superpuesto a nuestras relaciones con el mundo (expectativas, necesidades, resentimientos, culpas) y volver al hogar: el instante presente. Solo con este aquietamiento, aceptando detener toda búsqueda fuera de aquí, todo se ordena naturalmente.

En este instante, bajo la luz del ahora, volvemos al silencioso fondo del que nos habíamos olvidado. Recuperamos la perspectiva de la unidad. En vez de percibir objetos que conseguir para que nos llenen o experiencias que rechazar para que no nos dañen, contemplamos la totalidad de la que todos formamos parte. Vemos el gran océano de la vida surcado de vivencias que van surgiendo, corrientes que aparecen y desaparecen en él. Sin embargo, ya no necesitamos darles nombre y aislarlas del todo para conseguirlas o evitarlas.

Todo deviene espontáneo. La vida se simplifica enormemente al instalarnos en el instante presente y considerarlo nuestro verdadero hogar, el espacio donde se nos está dando todo lo que necesitamos.

Donde parecía que no había nada, se abre una gran puerta hacia la profundidad. Ahora podemos ver lo que nos estaba velado y nos abrimos a sentir aquello de lo que nos escapábamos por juzgarlo indeseable. Sabemos que todo es vida en movimiento y nos sentimos invitados a sentir y explorar cada matiz de la existencia. Todo se hace muy intenso. Descubrimos una abundancia inaudita, un manantial de posibilidades que nos invita, momento a momento, a zambullirnos y beber de él.

¿Qué pasa entonces con «mis relaciones» con las personas, la comida, las situaciones, las emociones, los pensamientos? Todas esas «cosas», objetos de la búsqueda que antes me parecían tan importantes, los contemplo ahora integrados en la totalidad de la vida. Dejo de percibirlos como entes aislados susceptibles de completarme o amenazar mi bienestar. Desde la luz del presente, solo vivo experiencias, corrientes de vida que aparecen en la consciencia para ser vivenciadas, sin necesidad de apropiármelas o utilizarlas para conseguir algo personal. Todos los encuentros e intercambios con el mundo están ahí recordándome constantemente la totalidad de la que surgen. Tanto si me atraen como si siento rechazo, sé que forman parte del gran todo que somos. A través de ellos, puedo ampliar mi visión, mirar más profundo lo que despiertan en mí. Puedo aprender a ir, más allá de la apariencia, a ese espacio donde vivimos en comunión. Cada ola me devuelve al océano. Cada partícula me inspira con su radiación. Todo es vida, todo es nutrición, la abundancia está servida en cada instante.

Aunque naturalmente intuimos la verdad de esto que trato de describir, no podemos acceder a su evidente realidad pensando, conceptualizando. Solo aceptando volver al corazón, nuestro entrañable hogar, podemos experimentar la nutrición rebosante del instante presente y descansar en lo que somos.

Volver al corazón, para mí, tiene todo que ver con aceptar aquietarnos, abrirnos a la vida presente y sentirla vibrar en nuestro cuerpo, en el pecho, en el corazón. Sentir el aliento vivo que nos respira constantemente nos aleja de la mente pensante. Abriéndonos a la vitalidad que aquí se despliega, uniéndonos a ella, va despertándose poco a poco una consciencia muy diferente, sutil, espaciosa, viva. Es nuestra verdadera naturaleza incondicionada, el campo vivo y silencioso que subyace a toda apariencia. Ella no necesita nutrirse en el sentido en que comprendemos normalmente este término.

La consciencia viva que somos no busca nada, abraza e incluye todo. Acercarnos a ella es reconocernos como ella. Cada vez que, aceptando aquietarnos, contemplamos el paisaje del instante, en lugar de reaccionar ante sus objetos automáticamente, la consciencia se hace evidente, siempre ha estado aquí. Podría parecer que se expande, ya que, al cultivar esa perspectiva, estamos reconociendo ese espacio vivo que siempre hemos sido y que, al no prestarle atención, parece desaparecer.

Este es el sentido que damos aquí a la nutrición, no como un aporte de elementos nutritivos que la consciencia necesite, sino como el reconocimiento vivo de que somos ella.

Desde una perspectiva horizontal solo se perciben objetos desvinculados entre sí, que aceptamos o rechazamos para conseguir sentirnos mejor, ya que nos percibimos disminuidos y carentes. Ese mismo mundo, contemplado desde la consciencia presente, se revela como un espacio unificado y vibrante, en el que todo lo que experimentamos contiene la totalidad y puede devolvernos a ella. Las mismas cosas que son buscadas por la mente separada con un fin utilitario, pueden ser contempladas con espaciosidad, interés e inocencia, desde la amplitud del ser. Esta es su invitación. Si la aceptamos, ya estamos viviéndonos naturalmente como consciencia que contempla.

La contemplación lo abraza todo. Es abierta, amplia, no es algo que «hacemos». Es algo que descubrimos cuando, simplemente, nos detenemos y no hacemos nada. Nos abrimos a la amplitud y nos damos cuenta de que ese mismo espacio es la esencia de todo lo que nos parece concreto o perceptible. Podemos descubrir que todas esas formas o experiencias concretas están saturadas de una misma vida, en la que surgen, se mueven y son sostenidas. Descubrimos la unidad, esa continuidad de la que ninguna apariencia se separa: toda forma es una modulación o corriente del amplio océano vivo en el que se expresa.

Pues bien, esto es lo que llamamos en este libro, nutrición desde el corazón. Desde esta comprensión, todo deviene nutritivo. Todo lo que antes parecía un objeto aislado, se convierte en un «bocado» de vida que masticar, que degustar e integrar, dejando que nos revele su quintaesencia, una con la nuestra. Podríamos decir que todo aquello que contemplamos desde la consciencia del corazón nos ofrece su tesoro, su sustancia sagrada.

Cada experiencia es un alimento empapado de la misma vida que nos alienta. Aceptar «comerlo» es no separarnos de ella, comulgar con ella, fundirnos en ella. Un trozo de pan, la mirada de un ser humano, el sonido del tráfico en la calle, las sensaciones de nuestras manos al moverse, un dolor, el sentir de la respiración, un sentimiento de tristeza, un abrazo, un pensamiento de anticipación, un impulso automático de evitación... Todo es vida, todo es un aspecto de la totalidad. Cada experiencia tiene en sí el potencial de nutrir o despertar la consciencia que somos, si nos decidimos a mirarlo desde una perspectiva muy nueva: el instante presente.

Mirar desde el instante presente significa soltar todo lo aprendido, toda referencia al pasado o al futuro y quedarnos en la contemplación inocente, libre de juicios e interpretaciones, abiertos a la vitalidad presente en todo. Esta simple decisión de soltar toda asociación con el futuro o el pasado, todas las ideas y proyecciones que hemos acumulado, nos sitúa en un espacio de intensa nutrición, la vida misma. Ahí, sin tocar nada, somos naturalmente nutridos al no encerrarnos en los estrechos callejones de lo conocido.

Nos abrimos a la experiencia como un todo. Desde la mente condicionada, percibimos un mundo compartimentado, en el que existen objetos separados que hemos nombrado de diferentes formas: «Esto es una persona, por allí vienen nubes, siento este dolor, tengo hambre, la música suena…». Y nos percibimos como algo aparte, diferente de todo ello. Si contemplamos la experiencia real en el presente, más allá del pensamiento que la juzga o etiqueta, las cosas no suceden de modo aislado, todo es una corriente de vida indiferenciada, sin separaciones entre los diferentes matices que van presentándose, surgiendo y desapareciendo como olas en el océano vivo y silencioso que es nuestra esencia.

Esta es la contemplación natural del corazón. Desde ella se revela la vitalidad inocente y radiante de todo, inaccesible al pensamiento repetitivo y caduco con el que etiquetábamos nuestras experiencias. Nos reconocemos en nuestra verdadera naturaleza amplia, abierta e inocente, una con la vida, soltando esa perspectiva reducida de un *yo separado* y necesitado.

La inspiración de estas páginas es, precisamente, volver a sintonizar con ese espacio de profunda compleción que somos realmente. Ello solo requiere aceptar quedarnos en este instante, donde está la vida, dejar de separarnos de ella. Sentirla, respirarla, enamorarnos de ella, ser ella. Abrirnos a sus expresiones, fundirnos en las experiencias, aceptar comerlas y beberlas. Tal posibilidad brota de un sí profundo, el sí de la consciencia, el sí del océano que admite todas sus olas. Al ofrecerlo, nos reconocemos como esa amplitud oceánica. Ese es nuestro alimento verdadero: reconocer nuestra naturaleza ilimitada.

Quizás esto suene muy bonito, pero lejano o abstracto y tal vez surja la pregunta ¿cómo podemos experimentarlo? ¿Cómo acercarnos a esa nutrición esencial tan simple de la que hablas?

Conectamos con la nutrición que se nos ofrece a través de la experiencia presente cuando sentimos amor por la vida que sustenta todos los fenómenos, con los que solemos confundirnos e identificarnos. Solo cuando amamos al ser por encima de todo y con todo el corazón, conscientes de nuestra unidad indisoluble, podemos sentir todas las cosas como partes de nosotros mismos, no separadas, empapadas de nuestra misma sustancia. Y entonces nos acercamos al mundo con un gran respeto, considerando el instante presente como el espacio que se nos ofrece, como un templo, para comulgar con la vida. Tenemos también pistas que pueden ser interesantes. Sabemos que el mundo físico es solo un reflejo de una profundidad esencial, mucho más amplia, que hemos olvidado. «Como es arriba, es abajo», decía Hermes Trismegisto. Así, curiosamente, lo que hacemos en el mundo físico, nos ofrece pistas muy valiosas para recordar la verdad. Ciertos aspectos de la alimentación, como la apertura o la masticación, son totalmente extrapolables a esta nutrición más amplia a la que nos estamos acercando.

Contemplemos más despacio esas actitudes básicas que conocemos muy bien, pues las practicamos todos los días, y veamos cómo podemos utilizarlas en cualquier experiencia cotidiana. A explorar estas posibilidades vamos a dedicar los próximos apartados.

ACTITUDES QUE NUTREN EL CORAZÓN

Aquí está, ahora mismo.
Empieza a razonar sobre ello y te lo perderás.
Huang Po

Abrirnos al alimento

A cada instante te estás abriendo o cerrando.
Ahora mismo,
¿estás eligiendo abrirte desde tu corazón
o estás a la espera de otra cosa?
¿Qué escoges?
David Deida

En realidad, todo se reduce a esto: descubrir la apertura, sentirla, cultivarla. No se trata de encontrar nada que nos falte. Vivimos ya, desde siempre, en el océano infinito de la abundancia. Somos parte de él y su constante nutrición nunca nos ha abandonado. Simplemente nos hemos olvidado de ello, cerrándonos al sentir de ese fluir constante. Abrirnos es, por tanto, nuestra única necesidad.

Del mismo modo que nos sentimos abiertos y receptivos cuando deseamos comer un alimento, cuando deseamos vivir la experiencia del momento presente y dejarnos nutrir en ella, todo nuestro ser necesita abrirse. Ya se trate de sensaciones, emociones, pensamientos o cualquier relación o situación, abrirnos a la experiencia es dar espacio, dejar que todo sea como es, sin superponer ninguna historia añadida, soltando toda la información del pasado, así como las expectativas y temores sobre el futuro.

En el espacio sagrado del ahora es donde podemos vivir realmente, dejándonos tocar y penetrar por la vida, haciéndonos sensibles y permeables a la presencia de todo lo que es. Sin historia, sin tiempo, sin relaciones, sin significado añadido, sin ideas preconcebidas, sin un «yo» que se apropie de la experiencia, se nos ofrece la posibilidad de abrirnos para descubrirla, en lugar de relacionarla automáticamente con algo conocido. Como la contemplaría un niño recién nacido, que no sabe nada.

¿Cómo lo juzgas?

Al igual que, según lo consideremos, nos abrimos o nos cerramos a un alimento, ante cualquier experiencia, los juicios que tenemos sobre ella determinan nuestra apertura y la posibilidad, por tanto, de que sea nutritiva o no para nosotros.

Si consideramos un alimento como pernicioso en algún aspecto, o tememos que nos cause algún efecto indeseable, aunque no seamos conscientes, algo se cierra en nuestro cuerpo como efecto de esa resistencia. En consecuencia, si lo comemos, no podremos procesar adecuadamente ese alimento y es posible que termine generándose el efecto temido. Y no necesariamente porque sea nocivo en sí, sino por la actitud discordante con la que nos acercamos a él.

Te propongo observar en tu propia experiencia con la alimentación para constatar si esto es así. Cuando vas a comer algo, puedes preguntarte: ¿Estoy abierto física, emocional y mentalmente a este alimento? ¿O, aunque me dispongo a comerlo, emocionalmente me siento cerrado al juzgarlo de algún modo o al temer ciertos efectos? Y si es así, ¿cómo se refleja ello en mi cuerpo? ¿Cómo siento mi respiración? ¿Está relajado o contraído mi plexo solar, la región del estómago?

En ciertos períodos de mi vida rechacé alimentos que deseaba porque mi mente los juzgaba como inadecuados, al no encajar en los parámetros que en esos momentos me guiaban mentalmente. La contracción que esa consideración causaba en mi cuerpo tomaba a veces forma de dolor si los tomaba. Ese dolor autocreado confirmaba el juicio de que esos alimentos eran nocivos para mí.

Pues bien, traslademos esta constatación a cualquiera de nuestras experiencias cotidianas. En cualquier situación, ante cualquier relación, actividad, emoción o pensamiento, podemos preguntarnos: ¿Me estoy abriendo o cerrando?

Físicamente, ¿cómo se siente mi cuerpo?; ¿cómo respiro?; ¿hay tensión en alguna zona?; ¿hay contracción, bloqueo en algún lugar?; ¿cómo siento el área del pecho o la del estómago?

Emocionalmente, ¿siento paz, conexión, apertura?; ¿o bien experimento confusión, agitación, preocupación, ansiedad...?

Mentalmente, ¿qué dice mi mente sobre esta situación, esta persona, este encuentro, esta emoción, este lugar, estos pensamientos?; ¿los juzga, los ataca, los teme o desprecia de algún modo?

Al juzgar algo, nos separamos de ello interiormente y la nutrición es imposible. Ser nutridos por la vida requiere conexión con ella: vivirla en el instante que se presenta, tal como se presenta, con la confianza de que, al estar dándose, es la experiencia perfecta en este momento. Solo desde esa comprensión, nos sentimos abiertos y confiados. Podemos sentir que, más allá del envoltorio, más allá de la forma en que la experiencia se presenta, hay una vida palpitante que se está expresando. Sabemos que ella, la vida, cuida de todos los detalles del presente y, aunque no la entendamos racionalmente, al abrirnos, nos conectamos con la vitalidad y la inteligencia del momento y somos nutridos. Vivenciando el instante presente, nos abrimos a su danza, nos dejamos impregnar de su melodía, aunque no la entendamos. Como los niños, nos dejamos mover al compás de la música que suena en el momento, sin historias sobre ella.

Muy diferente a como solemos experimentarlo, ¿verdad? El sistema de pensamiento del ego, diseñado para defenderse de un mundo que considera amenazador, se pronuncia ante cualquier experiencia extrayendo de su historial todo lo que puede ayudarle a controlarla o a defenderse de ella. Se enfoca en la apariencia de lo que percibe, en la historia elaborada sobre ello en base a antiguas vivencias... De modo que, si escuchamos sus argumentos, no podemos ver lo que está realmente sucediendo. No podemos participar de lo que vivimos porque lo estamos pensando. En lugar de movernos al son de la música del instante, nos quedamos inmovilizados y desnutridos, privándonos de la vida que palpita en cada nota.

Cuando la mente juzga inadecuada una situación o la desprecia, nuestra emocionalidad lo refleja enseguida y el cuerpo se contrae, especialmente en la región del plexo solar, el pecho o el vientre.

Desde esa cerrazón, no podemos estar presentes en lo que estamos viviendo. Nos hemos ausentado, yéndonos al reino mental, donde la vivencia abierta y espontánea no es posible. Y es probable que, desde este abandono, lo que experimentemos no sea en absoluto satisfactorio, confirmándose así los temores de la mente. Pero, en realidad, la insatisfacción no proviene tanto de la experiencia en sí como del «no» a la misma, de esa fuga que deja contraído y desnutrido nuestro sentir.

Nos quedamos en la orilla, al margen de la vitalidad y el poder nutritivo que esa experiencia contenía. Y luego nos quejamos de sentirnos faltos de energía o entumecidos; ¡es normal!

Volvamos al ejemplo de la comida física. Si, ante un alimento, soy consciente de la vida que contiene, de la energía luminosa que es su esencia, mi mente, mi corazón y mi cuerpo van a hacerse eco de esa consciencia. Sentiré receptividad, apertura desde dentro.

Podemos habituarnos a recordar, en medio de cualquier experiencia, que todo lo que aparece en ella es una expresión de la totalidad, de la vida que somos. Toda forma es un vehículo de la esencia, del espíritu; por tanto, podemos considerarla sagrada. Esta comprensión genera un respeto natural ante la experiencia presente, al igual que cuando comemos con consciencia.

Habiendo vivido tanto tiempo usando todo para alimentar a un yo personal, se hace necesario entregar intencionadamente lo que vivimos a un nuevo propósito: nutrir lo que somos, volver a la unidad. Es una perspectiva radicalmente distinta que, si la aceptamos, tiene el poder de transformar radicalmente nuestra existencia. La podemos evocar como la perspectiva vertical, en contraste con la horizontalidad, en la que se suele consumir nuestra vitalidad en una búsqueda agotadora de algo que nunca parece llegar y que nos lleva a despreciar el presente.

Desde esta visión, todo se hace muy intenso. Cada detalle del presente me ofrece abrirme a un espacio de profunda sacralidad, dedicado a nutrir la presencia viva que somos.

No me creas, vívelo. Solo por un instante, ábrete a este momento sin esperar nada de él, sin pretender nada más que experimentar, abriendo tu corazón a toda la vida que se está expresando aquí. Sin historia, sin juicios, sin asociaciones con lo que crees ser, siente cada detalle con la frescura de la primera vez.

¿Cómo es vivir esto (sea lo que sea) de modo impersonal? ¿Cómo contempla la vida este sonido, esta sensación, este objeto que tengo entre mis manos? Concíbete como el espacio abierto en el que todas las experiencias se van dando, como el cielo en el que las nubes van moviéndose, surgiendo y disolviéndose... ¿Cómo contempla el espacio esta emoción? ¿Qué hace ese espacio con ese pensamiento? Cuando no hay asociación con una historia, con un personaje que las utilice para mantenerlas, las experiencias son simples modulaciones de la totalidad, apareciendo y desapareciendo, cantando su melodía y volviendo a su origen naturalmente. Libertad, pura contemplación, intensidad, paz...

Como dice Thich Nhat Hanh: «Para que las cosas se nos revelen, tenemos que estar dispuestos a abandonar nuestros puntos de vista sobre ellas».

Abrirnos a sentir

Como vamos comprendiendo, esta nueva perspectiva no es para la mente pensante. Ella, aunque puede comprender lo que se expresa, no tiene la capacidad de vivirlo. El instante presente es una vivencia, no una teoría. Requiere estar dispuestos a aceptar el sentir, entendiendo por sentir la cualidad de la consciencia de comulgar con la vida. Fundiéndose con ella, se reconoce una con ella. Esa comunión es natural y se da siempre. Haber intentado separarnos de ella es lo que genera tanto sufrimiento. Recuperar el sentir en nuestra experiencia presente es la más plena y valiente expresión de amor. Contradice todos los patrones de la mente condicionada, que nos indican que esto es insuficiente y que lo que anhelamos está fuera de aquí, en otro tiempo o en otro espacio. Esa mente limitada no puede entender que el momento de máxima nutrición es este, el ahora. Al dejarse guiar por la apariencia que toman las cosas, y al juzgarla, está siempre huyendo hacia el futuro o el pasado, temerosa de sentir y de experimentar la realidad del presente, donde se encuentra la vitalidad y el alimento que necesitamos, latiendo en cada acontecer.

Solo desde el corazón es posible. ¿A qué nos referimos con esta palabra, corazón, tan usada en muchos ámbitos? Cuando la utilizo me refiero simplemente al espacio profundo del ser, a lo que somos en realidad, pura consciencia viva que contempla y permea toda experiencia. Aludo a ese campo de vida infinita, silencioso y creativo a la vez, del que surge toda expresión como las olas emergen del océano y vuelven a él. Esa amplitud de la que nos hemos olvidado refugiándonos en el pensamiento repetitivo y condicionado.

No podemos acceder a la consciencia del corazón pensando. Se accede a ella desde ella. Necesitamos aquietarnos y admitir, en esa quietud, el sentir.

Atrevernos a ser tocados, atravesados por las corrientes de la vida sin juzgarlas, sin escaparnos. Es una capacidad valiente y poderosa que nunca nos ha abandonado, aunque hemos desconectado de ella.

En nuestro cuerpo, esta consciencia tiene sus anclajes, áreas en las que podemos empezar a habitar, desplazando nuestra atención desde la mente pensante —localizada en la cabeza— hacia el pecho, a la zona del plexo solar o al vientre. Cuando aceptamos permanecer y sentir desde estas áreas, descubrimos que todo se hace más fluido, abierto y real. Son portales a la inmensidad, en la que todo tiene cabida y, al no ser juzgado, es naturalmente abrazado.

La consciencia de la respiración nos alienta a sumergirnos ahí, donde ella se está dando continuamente a través de la inspiración, la espiración y sus pausas.

Desplazar la atención desde la cabeza a la región del pecho, el plexo solar o el vientre, puede contribuir enormemente a despertar y cultivar la consciencia natural de amplitud, que perdimos al encerrarnos en un mundo conceptual y limitado al que le dimos toda nuestra credibilidad.

Acercarnos al ser no requiere de una ubicación física, evidentemente, ya que no tiene una localización, lo abarca todo, es todo. Sin embargo, lo que yo descubro es que ese acercamiento se ve tremendamente facilitado al habituarme a contemplar desde una consciencia alejada de la cabeza física. Sea cual sea el espacio que nos resulte más afín, somos invitados a descubrir todo un potencial a nuestra disposición que podemos conocer y cultivar.

Para mí, por ejemplo, decidirme a explorar el área del plexo solar me ha ido abriendo a un campo de inteligencia y fortaleza que se ocultaba tras muchos años de contracción en esa zona. Cada día descubro que, situando la consciencia en este espacio y contemplando el mundo desde ahí, la perspectiva se abre profundamente. Se siente amplitud, unidad, espaciosidad... Donde la mente conceptualiza y disgrega, la consciencia del corazón siente conexión, nada está separado de la totalidad, de ese campo vivo en el que todo surge y desaparece.

Habernos identificado con un sistema de pensamiento que nos ofrece una percepción tan limitada del mundo tiene mucho que ver con esa fuga al reino de la mente que nos lleva a focalizarnos automáticamente en la zona de la cabeza. Toda la energía queda ahí atrapada, mientras nos agotamos en circuitos mentales que atrofian el sentir natural, cerrando nuestros poros a la realidad viva y siempre presente. Desde la cabeza, todo se percibe separado, escindido. La mente selecciona los aspectos que va utilizando a su manera para crearse su propio mundo, obviando el fondo, la totalidad que todo lo sustenta.

La perspectiva del corazón se abre enormemente cuando descendemos desde ese foco tan reducido de la cabeza y descansamos en el área del corazón, el plexo solar, el vientre, o en todas a la vez. Ese desplazamiento nos une a la vida presente, mucho más intensamente que los argumentos que la mente nos podría ofrecer para convencernos de ello. La apertura o cerrazón que experimentamos en esas áreas nos revelan fácilmente el grado de conexión con lo real que estamos viviendo. Son fuentes de información de las que disponemos desde siempre para transitar nuestra experiencia humana. La percepción limitante que nos ofrece la mente tiende a generar contracción en el pecho o en el plexo solar. ¡Qué mejor indicador de que no estamos en contacto con la verdad de este momento, sino dejándonos guiar por prejuicios e interpretaciones!

Los pensamientos, descargas neuronales del cerebro, existen como formas de energía que se dan en la amplitud de la consciencia. Enfocarnos y encerrarnos en ellos supone contraer dramáticamente la experiencia de la realidad presente, amplia y rica en su totalidad. Afortunadamente, disponemos de estos sensores vivos que nos informan de ese automatismo, invitándonos a volver a la presencia.

Descubrámoslos, ahondemos en la consciencia sentida del pecho, del plexo solar, del vientre... Atrevámonos a descansar mientras respiramos conscientemente desde ahí y contemplemos cómo una nueva perspectiva se abre para nosotros, momento a momento.

Vivir desde el corazón, para mí, se ve enormemente facilitado cuando aprendemos a utilizar el cuerpo como un instrumento de comunicación con lo real. A través de él, accedemos a esos portales de la inmensidad que la inteligencia de la vida nos ofrece constantemente. Un infinito potencial nos aguarda...

Abramos nuestros cuerpos a la vida, dejemos que sean inundados de su poderosa energía. Que ella los atraviese, vitalizándolos e irradiando desde cada célula. Permitámosles ser la expresión de la apertura, la libertad y el amor que somos.

El cuerpo y la apertura

Acerquémonos ahora un poco a nuestra experiencia corporal. El impacto que tiene en el cuerpo la creencia en la separación es muy diferente de la vivencia que refleja la comprensión profunda de lo que somos. Para mí, es importante contemplar cómo nuestro cuerpo, al haber mantenido desde hace tanto tiempo esta perspectiva separada, tan limitante y contraída, se ha hecho eco de ella somatizando la resistencia de los juicios que emitimos hacia el momento presente. Las emociones de miedo, desconfianza, preocupación, impotencia... encogen nuestros músculos, cierran nuestro pecho, acortan nuestro respirar contrayendo el plexo solar e inclinando con frecuencia el torso hacia delante, en actitud defensiva o cauta.

Vivenciar la realidad desde un cuerpo así condicionado no es sencillo, y mucho menos dejarnos nutrir por ella. No hay apertura. Y aunque mentalmente ya hayamos comprendido muchas cosas, aunque nuestra consciencia de amplitud esté expandiéndose, el cuerpo sigue reflejando con frecuencia la limitación de las antiguas y temerosas concepciones.

Sin embargo, no nacimos así. El cuerpo no reflejaba en nuestros primeros meses de vida esta idea de «yo y el mundo». Se sabe que los bebés, al no haber asimilado todavía esa perspectiva de la separación, no saben distinguir dónde termina su cuerpo y empieza el de su madre. Se viven en continuidad con el espacio que los rodea. Es solo más tarde cuando se les va enseñando, a través de conceptos, la separación entre ellos y el mundo y, en base a esa conceptualización, van restringiendo su consciencia a los límites de su cuerpo.

Mi camino de comprensión está profundamente marcado por el cultivo de esta apertura del cuerpo, que considero tan necesaria para que el caudal nutritivo de la vida pueda fluir a través de él y vivificarlo, empapándolo de consciencia.

Poco a poco, el cuerpo va reflejando nuestra naturaleza radiante y se convierte en un instrumento afinado al servicio de la vida. A través de él, la conciencia puede expresarse y conocerse en el mundo de la forma. Anhelamos la transparencia, queremos que nuestra experiencia física sea impregnada de la comprensión profunda a la que vamos accediendo. Disfrutar, degustar, apreciar todos los matices de la gran sinfonía del presente desde una corporalidad abierta y radiante colma nuestro anhelo de plenitud, que no puede excluir ningún aspecto de la existencia.

La respiración, vivida con consciencia y amor, tiene el don de abrirnos desde dentro, por la espaciosidad que genera en el sentir de nuestra experiencia corporal. No voy a desarrollar aquí este aspecto, ya bastante detallado en mi libro *Del hacer al ser*, en el que se ofrecen sugerencias para cultivar esa apertura, de modo natural, a través de la consciencia del aliento.

Además, todo tipo de gestos y cuidados conscientes que apoyen este anhelo de apertura, como estiramientos, yoga, *chi-kung*, taichí, danzar permitiendo que el cuerpo se mueva libre y conscientemente al ritmo de la respiración... son actividades que, al ser puestas al servicio del amor y la amplitud que somos, recuperan su verdadero valor. Lamentablemente, cuando es el ego el que «practica» para conseguir algo personal, alcanzar estados o mejorar nuestra apariencia se desvirtúan y generan resistencia, ya que se convierten, con frecuencia, en una autoimposición, una exigencia mental que puede agotarnos. Desde el ego, cualquier práctica solo sirve para perpetuarlo. Esta apertura que proponemos, por muchos gestos que hagamos o prácticas que emprendamos, no puede darse si no nos abrimos a vivir desde el corazón.

Confianza

Siempre me ha impresionado la actitud del bebé ante el pecho de su madre: confianza total, apertura, receptividad y entrega absolutas. Para mí, la vida es una inmensa madre que constantemente está ofreciéndonos su sustento. Toda situación es nutritiva si sabemos mirarla desde una comprensión. Todo está aquí para ofrecernos el alimento que necesitamos, la sustancia sagrada que destilan todas las experiencias sin excepción. Independientemente de cómo la mente condicionada califique las situaciones, hay una versión mucho más profunda y más real que puede conmover nuestras entrañas si nos decidimos a explorarla.

Después de tantas idas y venidas, tras todo tipo de experiencias, vivo en la aceptación de que todo sucede para mi mayor bien, que todo me lleva a descubrir la límpida verdad sobre mí, escondida tras capas y capas de condicionamiento. De mil maneras he podido constatar, tras muchas resistencias a veces, que todo lo que ha ido sucediendo me ha llevado a una mayor comprensión, desnudándome de ilusiones que taponaban el contacto con mi ser y ofreciéndome el regalo de una conexión cada vez más profunda y amorosa con la existencia.

Todo me está amando, por tanto. Todo quiere mi mayor bien. Todo está ahí para nutrir mi anhelo más profundo: reconocer mi unidad con la totalidad o, dicho de otro modo, ser feliz.

No hay nada fuera de esa unidad, no hay otra realidad que se oponga a ella. Y todo confabula para que ese reconocimiento se produzca, ya que nos hemos despistado creyendo en la separación, esa idea aberrante que contradice la realidad. Todo lo que aparentemente está separado anhela la unidad que conoce profundamente. Todas las situaciones, relaciones, percepciones, emociones y pensamientos que experimento están ahí buscando unirse en la calidez de mi consciencia. Si, en lugar de separarme mentalmente, me abro a cada aspecto de mi presente sabiendo que está deseando ser incluido en mí, ser abrazado en mi corazón... todo cambia.

Ya no es que yo esté buscando nutrición a través de esas situaciones, relaciones o aspectos del momento presente. Es más simple y amoroso a la vez: todo ello me está buscando a mí también. Todo me desea, todo anhela el calor de mi corazón, la vuelta al hogar. Cada experiencia es como ese bebé anhelante de mi pecho que, cuando la acepto, me trae al gozo del abrazo, del reconocimiento de la madre que soy, en esencia, para todo mi mundo. En esa comunión, la criatura es nutrida y la madre también.

Como criatura, confío en que todo es alimento para mí, sé que mi madre vida vela por mi sustento en medio de cualquier situación, dándome lo que necesito, a veces bajo formas curiosas y chocantes, pero profundamente amorosas en esencia. Como madre, me sé nutritiva para todo lo que aparece en mi mundo, momento a momento; todo busca mi alimento, mi presencia, mi amor.

Ser amados, sentirnos nutridos, es nuestra mayor necesidad. Y lo tenemos muy fácil y accesible. Ahora mismo, ¿qué estás experimentando? Eso te ama, eso busca tu calor, eso quiere formar parte de ti, te desea por encima de todo. Te desea a ti.

Recordar esto tiene el poder de abrirnos desde dentro. No vivimos en un mundo de enemigos o amenazas, sino rodeados de seres que buscan la amplitud de nuestro corazón. ¿Qué mejor alimento que ofrecérsela? Esa amplitud que les ofrecemos es la verdadera nutrición.

¿Te imaginas acercarnos así a cualquier experiencia que nuestra mente suele rechazar, sabiendo que todos sus componentes están deseando nuestra presencia, nuestra inclusión?; ¿no se caerían muchas corazas y barreras si nos abriéramos a la vivencia de este instante, con la certeza de que vamos a ser abundantemente nutridos?; ¿no sentiríamos una dulce confianza parecida a la del bebé lactante y una entrega muy parecida a la de la madre que lo sostiene?

Acerquémonos pues a cada experiencia como a una fuente de abundante nutrición, preparada con amor por la vida.

La masticación de las experiencias

Podemos sonreír, respirar, caminar y tomar
nuestros alimentos
de modo que esas actividades
nos pongan en contacto con la abundante felicidad.
Thich Nhat Hanh

¿Hasta qué punto participamos de los encuentros con otros seres humanos, de las emociones que nos atraviesan, de las percepciones de nuestros sentidos, de las cosas que van apareciendo y desapareciendo en nuestra vida? ¿Estamos realmente ahí para vivirlas o nos alejamos mentalmente mientras corremos hacia otro asunto?

Comer apresuradamente es el reflejo de cómo asimilamos el resto de nuestras experiencias. Al masticar poco, apenas se impregnan de saliva los alimentos. Al ir tan deprisa, no llegamos a extraer de ellos sus nutrimentos. Igualmente suele suceder con nuestras relaciones con los demás, con las acciones que emprendemos o las emociones que sentimos. Al hablar, no llegamos a digerir las frases que nos dirigimos en modo agitado, no nos detenemos a saborear las miradas, a ahondar en los gestos, a percibir las texturas de nuestras emociones... Lo que vamos viviendo queda parcialmente procesado, con lo cual, en lugar de generar energía, la perdemos, y nos cuesta seguir disfrutando de las experiencias. Así, avanzamos a través de ellas con la sensación frecuente de estar perdiéndonos algo. Buscando una vida más significativa, obviamos el tesoro que ahora mismo nos está siendo ofrecido. Los materiales para construirla están aquí, en estado puro y fresco, pero si los pasamos por alto, despreciándolos mentalmente y agitados por un apresuramiento crónico, no podremos recibirlos ni degustarlos. Nos falta masticación, sí, la masticación que nos permita absorber y asimilar lo que vivimos, aportándole algo nuestro: apertura, atención, dedicación, amor.

Afortunadamente, la vida nos ofrece un medio extraordinariamente simple pero poderoso para ello: la respiración. Sentida desde la consciencia, nos permite abrazar, intimar y fundirnos con todo lo que experimentamos, descubriendo su sabor, accediendo a su esencia.

Para mí, el aire que respiramos es la sustancia que, equivalente a la saliva, le ofrecemos a cualquier circunstancia de nuestra vida. La consciencia del aliento, cuando acompaña las experiencias, las llena de espaciosidad, impregnándolas de energía viva, haciendo que la vivencia sea más consciente, más digerible y asimilable. Ya se trate del uso de un objeto físico, una actividad, el encuentro con otro ser humano o el sentir de una emoción... cada experiencia es un «bocado» para la consciencia que, al ser aceptado, masticado e impregnado de energía viva, el aliento sagrado, nos permite liberar la esencia, como sucede al comer. La sabiduría del yoga nos enseña que, en la boca, al ser conscientemente masticados, los alimentos destilan su sustancia más preciosa, el *prana,* la energía viva que todo lo constituye. Del mismo modo, respirando conscientemente, podemos penetrar y trascender la aparente solidez de la materia, dejando que se libere la energía vibrante que la anima. Es la masticación del alma, que nos permite saborear toda experiencia. Extraer la esencia es descubrir el espíritu, la consciencia, la sustancia única de la que todo está saturado. Es reconocer a Dios en todo.

Requiere —¿por qué no decirlo una vez más?— ir más despacio. Supone descubrir el valor de un ritmo un poco más lento, de esas pequeñas pausas que nos permiten vivenciar íntimamente las experiencias, envolverlas con amor.

El aliento, en su movimiento incesante, abraza y penetra todo de vida. Cuando nos hacemos conscientes de su fluir, podemos sentir una mayor amplitud en torno a lo que sucede. El inspirar nos invita a tomar consciencia, a sentir, a ver con la claridad penetrante de la luz. Espirar es como dar espacio, permitir que todo sea como es. Al conectar con la inspiración y la espiración, recordamos nuestra naturaleza penetrante y espaciosa. La vida penetra y expande nuestro cuerpo con cada inspiración. También lo ablanda y suaviza al espirar, permitiéndole descansar en esa apertura acogedora.

Quedarnos, abrirnos, respirar con lo que acontece, penetrar de nuestro aliento lo que sentimos nos permite ir más allá de las formas, conectarnos con la vida que todo lo sostiene. Ello nos fortalece enormemente, pues recuperamos nuestro poder, ese que perdemos al juzgar y sentirnos víctimas de las situaciones, y queriendo escapar de ellas.

El amor incondicional, del que se predica tanto, no es más que eso: pase lo que pase, sea cual sea la apariencia que tome este instante, no me separo, permanezco, penetrándolo todo de atención, incluyéndolo en mi amplitud.

Podemos probar con lo más sencillo, el caminar, por ejemplo. Cuando presto atención a mis pasos, a sus sensaciones, presiones, sonidos... se activa la penetración de la consciencia. Descubro también una contemplación amable, serena y muy simple. Al respirar con mis pasos, los llenos de consciencia, les doy más espacio para ser sentidos.

Lo mismo sucede con cada experiencia. Al respirar con sus sensaciones, sonidos, emociones... les doy espacio para expresarse. Si estoy comiendo, al inspirar, siento la textura de este bocado; al espirar, me dejo impregnar por todo lo que experimento. Al adoptar esta actitud en cada momento, al ofrecer atención y espaciosidad a lo que vivimos, nos reconocemos como presencia amorosa.

Mirándolo de un modo más profundo, podríamos expresarlo diciendo que el aliento es un intermediario entre la esencia y la forma manifestada. Gracias a la respiración, en nuestra experiencia humana, nos hallamos siempre unidos al inmenso espacio vivo que subyace al mundo de la apariencia. De modo natural, respirar nos mantiene conectados, en nuestra experiencia física, al gran océano del que formamos parte. El mismo aliento nos respira a todos y nos sostiene en su seno. Todo está permeado por él. Respirar conscientemente nos permite sentir la conexión con ese espacio profundo en el que la no-separación es la única realidad. Esta cohesión subyace a toda apariencia escindida.

Recordemos que la palabra *rouah* designa en hebreo tanto aliento como espíritu. Igualmente, en griego la palabra *pneuma* se refiere a ambas realidades. Para el taoísmo, *chi* significa literalmente respiración y alude a la energía vital que se mueve en todo.

Una de las mayores fuentes de sufrimiento para mí ha sido la discontinuidad. Me resultaba muy hiriente reducir la comunión con la vida a ciertas circunstancias o experiencias, normalmente de tipo espiritual o estando en contacto con la naturaleza... Esa restricción me iba llevando a querer con todas mis fuerzas explorar la continuidad, la posibilidad de vivir desde esa consciencia y amor en cualquier situación o relación. Descubrir la respiración fue tan impactante y revelador para mí porque me ofrecía justamente la posibilidad de realizar ese anhelo. Llena de gratitud la sentí como el mayor regalo de la vida, esa ayuda que necesitaba para no separarme de ella. Me lancé inmediatamente a investigar sus posibilidades, en medio de todo tipo de circunstancias. La exploración sigue siendo apasionante, nunca me deja de sorprender. Es una fuente de vitalidad y entusiasmo que disuelve la distinción y las barreras entre unas experiencias y otras, revelando su profunda unidad.

Aceptando lentificar, cada fase de la respiración puede ser una fuente de descubrimiento mientras acompañamos el comer, el caminar, el tocar, un abrazo, el acto de vestirnos o de abrir un cajón. ¡Hemos despreciado tantos aspectos de la realidad por considerarlos anodinos! La respiración nos devuelve a la brillantez de la vida, a la vibración que todo lo anima. Inspirando y espirando, sintiendo y permitiendo la experiencia vivamente, nos descubrimos vibrantes. Saboreando los momentos de pausa, entre el inspirar y el espirar, vamos sumergiéndonos en esa realidad más profunda, a la que nuestra pequeña mente no tiene acceso. Y nos sentimos nutridos, constantemente sostenidos por la existencia.

ALIMENTOS PODEROSOS: EL PODER NUTRITIVO DE TODA EXPERIENCIA

Yo soy la fragancia original de la tierra,
Yo soy el calor del fuego,
Yo soy el sabor del agua, la luz del Sol y de la Luna,
Yo soy la vida de todo lo que vive.
Bhagavad-Gita

Estamos muy habituados a considerar la comida que ingerimos como nuestra fuente fundamental de nutrición. Y no lo es. Ni siquiera en el mundo físico esto es verdad, ya que el aire o el agua son aún más importantes. Sin alimentos sólidos, nuestro cuerpo puede sobrevivir mucho más tiempo que sin beber o respirar, eso todos lo sabemos.

Vivimos inmersos en un océano de pura vida que es nuestro verdadero sustento, en el que nos movemos y existimos. Estamos constantemente siendo respirados y vitalizados por un caudal ilimitado e incontenible de vida que se vive a través de nosotros. Además, se expresa a través de una inmensa variedad de experiencias que, aunque no compartan siempre la solidez de los alimentos físicos, pueden ser extraordinariamente nutritivas.

En este capítulo vamos a acercarnos más a algunos de esos alimentos que aparecen constantemente en nuestro presente, con el potencial de nutrirnos en profundidad si aprendemos a contemplarlos desde el corazón.

Aunque haremos una distinción entre las diversas experiencias nutritivas (percepciones, sensaciones, emociones, pensamientos...) en realidad, no existe tal diferenciación. La vida es un campo unificado y vibrante expresándose constantemente en forma de fenómenos, entrelazados unos con otros, en constante dinamismo y conexión. Hablando con precisión, no existe tal *yo concreto* que se nutre de experiencias concretas. Como he indicado, para mí, la verdadera nutrición es recordarnos y reconocernos como la consciencia abierta y amorosa que somos, una con todo, fundida íntimamente con toda vivencia, sin separarse de nada.

Acceder a esa comprensión viva quizás puede facilitarse si, didácticamente, aislamos las experiencias y las contemplamos en su conexión con la fuente, libres del desenfoque con el que las percibimos desde una mente que las acota, las delimita y las utiliza para sus fines personales.

Comencemos, pues, reconociéndonos como lo que somos, pura vida ilimitada, consciencia abierta y luminosa, espacio vivo en el que todas las experiencias se mueven. Serlo, sabernos esa vida unida a todo nos devuelve a la plenitud. Sentimos nuestra integridad y la profunda compleción que somos.

El silencio vivo que somos

Es esencial quedarse sentado en silencio.
No pierdas el tiempo no haciéndolo.
H. W. L. Poonja

Antes de acercarnos a las experiencias concretas de nuestro vivir, hagamos una pausa. Te invito a detenerte conmigo un instante. Descansemos en el silencio, la fuente de todo lo que existe, la luz de la que todo surge, el espacio en el que todo se mueve y, en definitiva, el verdadero pan de los cielos.

Me encanta cómo lo describe el científico John Hagelin:

Existe un océano universal e ilimitado de existencia pura, de ser puro, de silencio infinito, de no cambio, que es eterno: estaba allí antes de que el universo emergiera, y estará allí cuando este universo deje de existir.

¿No es apasionante constatar también desde esa aproximación científica la realidad de ese campo en el que todo surge y al que todo regresa? Nuestra fuente esencial de nutrición es ese espacio. De ahí que, al descansar silenciosamente en su seno nos sintamos renovados... De su sustancia están saturadas todas las expresiones que surgen en él y por ello, cuando las contemplamos desde esa consciencia, uniéndonos a ellas, nos sentimos nutridos, ya que nos conducen a la unidad que somos.

No hagas nada.
No tienes que intentar nada.
Déjate estar como estás.
Deja que todo se mueva como lo está haciendo.
Sé pura permisividad silenciosa.
A todo lo que surja en tu experiencia, le ofreces así algo
muy simple: silencio.
Este silencio está vivo, es tu verdadera esencia.
Está siempre aquí, es el sustrato vibrante
en el que está apareciendo lo que
experimentas ahora mismo.
Sé ese silencio para todo.
Vuelve, una y otra vez, a sumergirte en él,
a disolverte en él.

Nada que objetar, nada que arreglar, nada que conseguir
de todo ese arsenal de sensaciones, sonidos,
emociones o pensamientos
que recorren el espacio silencioso.
Como estrellas fugaces, cometas inesperados,
portentosas tormentas…
aparecen, se mueven y desaparecen en él.
Todo sucede en él.
Su aparición o desaparición vienen a recordarte
la amplitud de tu ser.

Concíbete como el cielo,
el espacio transparente en el que, de vez en cuando,
aparecen nubes de experiencia.
Todo es admitido en tu amplitud.
Eres la silenciosa espaciosidad, abierta y permisiva,
que todo lo contiene.
Eres el sustrato vivo en el que todo surge
y del que todo está hecho.

No tienes que hacer nada.
Descansa en la silenciosa transparencia que eres,
permitiendo que todo vaya y venga en ti.
Así como las nubes comparten la sustancia
del cielo que las sostiene,
sabes que todo lo que va y viene está hecho
de tu misma esencia.
Y contemplas su danza,
tu corazón radiante la anima y la sostiene
en cada instante de su suceder.
Es tu creativa expresión, en la que te conoces
constantemente.
Y, sin embargo, no te confundes con nada en particular,
no te reduces ni tratas de arreglar nada:
todo tiene en ti una profunda aceptación,
un amoroso «sí».

Experimenta así tu verdadera naturaleza, dedica a
ello muchos momentos, familiarízate con este silencio

vibrante que admite todos los sonidos, todas las sensaciones, todos los pensamientos, así como el cielo permite todas sus nubes.

Encuentra, a lo largo del día, espacios en los que puedes aquietarte. El aquietamiento físico es un maravilloso aliado del silencio interior. Al despertarte, aún en la cama, antes de conectar con las tareas que parecen agolparse en tu mente pidiendo atención, ofrécete un instante de descanso en el silencio, dejando que todo se mueva sin identificarte con ninguna de sus propuestas. Antes de comer, entre bocado y bocado, siente el espacio silencioso que siempre está ahí... Antes de arrancar el automóvil, mientras esperas en una cola, en medio de una conversación en la que tu hablar tiende a precipitarse... Antes de encender el ordenador o mientras aguardas una respuesta en tu móvil... Aprovecha los intervalos, las esperas, los momentos entre tareas, los espacios entre las palabras... Son puertas hacia el silencio nutritivo, el origen de todas las cosas, en el cual, como pura potencialidad, todo está contenido.

Sabernos ese silencio vivo, subyaciendo a todas las experiencias, reconocernos como la luz del ahora en la que todas ellas surgen y son acogidas, nos permite contemplarlas desde una nueva perspectiva, la de la unidad. Ya no se trata de fenómenos inconexos que pueden afectar a un *yo separado*. Desde esta presencia viva, nos abrimos a experimentar sin distancia, sin juicio, fundidos con todas las formas de vida que van moviéndose momento a momento en la espaciosidad que somos.

Si todo vive y se mueve en mí, ¿qué podría faltarme? ¿Qué necesidad podría tener de buscar algo que me llene si no existe nada externo a mí, si todo me pertenece, si todo es «yo»?

Desde esta perspectiva, el sentido de la nutrición es muy diferente. Si, al confundirme con un *pequeño yo*, esta consistía en incorporar o apropiarme de algo para colmar una carencia o necesidad, desde la consciencia, cualquier experiencia se convierte en un recordatorio de esa amplitud silenciosa que es mi esencia. Todas las formas de vida que pueblan y se mueven en ese silencio me ofrecen el reconocimiento de la plenitud que soy al darles espacio, al incluirlas en mí.

Aceptemos la invitación: familiaricémonos con el espacio vivo y silencioso en el que todas las experiencias se dan. Desde la dinámica de la mente pensante, el espacio no es nada, no es interesante en absoluto. Al carecer de forma con la que definirse, el *yo separado* se siente inseguro y temeroso de lo que no refuerza su entidad. De ahí la huida habitual del silencio, la evitación del vacío de estímulos, de sensaciones o de sonidos. Y, sin embargo, el vacío sin forma es la realidad esencial que subyace a todo lo perceptible. Ese vacío no es inerte, es la vida misma, plena y poderosa, absolutamente sensitiva y acogedora de todo lo que surge en su seno. Eso que el ego interpreta como vacío, ese espacio entre las formas que le son familiares, ese silencio entre los sonidos que sí registra, es nuestra verdadera fuente, el origen de todo lo perceptible. Aunque aparece como nada, lo es todo. Y es el verdadero nutrimento vivo que sostiene la danza de las formas. No está separado de ellas, es su misma sustancia.

Necesitamos familiarizarnos con esta sustancia primordial, experimentarnos como ella, sabernos ella. Solo así podemos descubrirla en todo lo que existe. Cuando aceptamos aquietarnos y adentrarnos en la espaciosa luminosidad del ahora, todo lo que percibimos son reflejos de ella, surgen en ella, se mueven en ella y vuelven a ella. ¿Cómo no íbamos a sentirnos plenos, nutridos, completos… si comprendemos que, en todo momento, tenemos acceso directo a esta vida poderosa de la que todo está empapado? Ya sea a través de la contemplación del espacio silencioso como fundiéndonos con las experiencias que vivimos en su seno, la nutrición está asegurada. Vivimos y nos movemos en el océano nutritivo del ser. Si todo está saturado de su sustancia, si todo es él, ¿por qué quedarnos focalizados en ciertas formas u objetos supuestamente dadores de alimento? Limitar esta abundancia nutritiva a ciertas condiciones, espacios o tiempos, es una severa restricción que nos imponemos al vivir desde una perspectiva tan estrecha, enfocados en el mundo de los objetos. Abramos el corazón a este caudal irrefrenable de vida que es el instante presente, sumerjámonos en este océano palpitante en el que constantemente aparecen y desaparecen las más fascinantes experiencias para avivar la consciencia de lo que somos.

Los sentidos, puertas abiertas a la abundancia

La consciencia del corazón
toca el mundo a través de tu tocar,
lo degusta en tu saborear,
explora sus aromas por medio de tu oler;
descubre sus formas a través de tu ver,
escucha sus sonidos valiéndose de tu oír...
Eres un instrumento de su goce constante.
Tu disfrute es el goce de la vida
expresándose a través de ti.

Contemplar la vida como un banquete que se nos ofrece constantemente no es solo una bonita idea, sino una invitación a la experiencia directa. Nuestros sentidos, cuando son usados desde una consciencia de unidad, pueden abrirse a vivir ese festín abundante en cada experiencia cotidiana.

Tomemos, por ejemplo, el sentido del tacto. Identificados con un cuerpo, la piel es concebida como la frontera que nos separa de otros cuerpos. Desde la consciencia de la vida que somos, en cambio, la podemos sentir como el modo de sentir la profunda continuidad y comunión que subyace a esa aparente separación. La vida no entiende de fronteras, todo es comunicación, conexión.

Si nos concebimos como energía amorosa que se expresa a través de un cuerpo, podemos tocar lo que tocamos en cada momento como una forma de acariciar al mundo. Lo hacemos a través del objeto con el que contactamos, extendiéndonos hacia él, concibiéndolo igualmente como pura energía con la que nos fundimos.

Siempre estamos tocando o siendo tocados. El aire que nos rodea roza y penetra nuestra piel. Así lo hace también la ropa que envuelve nuestro cuerpo o los rayos del sol que lo calientan. ¿Por qué no interpretar que, en esos contactos, estamos siendo acariciados por la vida de innumerables formas? Y, del mismo modo, podemos contemplar las sensaciones generadas por nuestro modo de manejar los objetos que usamos, ¿por qué no dejar que se conviertan en caricia hacia el mundo?

Si somos vida, energía amorosa y nuestro cuerpo es el vehículo a través del cual se expresa, ¿por qué no concebir este contacto de tus manos con el libro que sostienes, como un modo de impregnar de la vida que eres ese trocito de mundo que llamamos «libro»?

No lo imagines, siente ahora mismo esos contactos en tus dedos y deja que tu vida fluya a través de ellos. Si los mueves, sé consciente de estar acariciando y penetrando de tu sustancia eso que tocas. Del mismo modo, déjate sentir en ellos la textura del libro, déjate tocar por él. Si olvidamos por un momento la idea de alguien (tú) que sostiene algo (el libro), ¿qué encontramos en ese contacto? ¿Hay dos cosas o, simplemente fusión, pura vida en comunión? Si cierras los ojos y, simplemente sientes… ¿dónde terminas tú y empieza eso que llamamos libro si obviamos la historia que tenemos sobre ello? Las sensaciones, vividas en la frescura del instante, nos ofrecen la experiencia de la unidad sin filtros.

¿Qué más cosas están siendo sentidas por tu cuerpo ahora? Nos hacemos receptivos, dejando que las sensaciones afloren, sin ir a buscarlas ¿Puedes notar el roce de la ropa en tu piel? ¿Percibes el contacto de tus pies con el calzado que los envuelve? Sintiendo esas sensaciones, tu experiencia corporal se inunda de consciencia. No es un esfuerzo por tu parte. Solo te das cuenta de lo que está siempre sucediendo; reparar en ello nos trae al escenario vivo de la existencia: este instante. Y aquí nos hacemos conscientes de que somos amorosamente tocados por la vida a través de una miríada de sensaciones de las que no solemos disfrutar, absortos por la actividad de la mente pensante.

Al tocar el teclado del ordenador o al rozar el móvil con los dedos, repara en esa sensación como si fuera la primera vez. Ve un poco más despacio, retirando por un momento la atención de la información que buscas o de lo que quieres leer. A través de ese contacto, toca el móvil con amor, acariciando así ese aspecto de tu mundo que tantas posibilidades te ofrece. Puesto que es un cauce para tu comunicación, conecta con él a través de las manos ofreciéndole en esos roces la gratitud de tu corazón.

Cualquier contacto se convierte así en comunión. Podemos incluso acercarnos más a la intimidad de nuestra experiencia corporal e investigar contactos como el roce del aire con las fosas nasales. O cómo se dilata nuestro pecho mientras el aire penetra en él, ensanchándolo. Y, en cada una de esas sensaciones, saber que el aliento está acariciándonos por dentro. O reconocernos como el aliento que acaricia todo a su paso. La respiración puede ser una experiencia de amor si prestamos una delicada atención al modo en que el aire penetra y va inundando nuestro cuerpo.

Y cuando comemos, ¡cuántos contactos y roces que explorar! Podemos dar amor y calidez a la fruta que sostenemos en nuestras manos, sentir su peso, su frescor, dejarnos penetrar por su vitalidad y sus texturas. Cuando tenemos en la boca un alimento, podemos cultivar el arte del abrazo a través del paladar, la lengua, los dientes. Llenar de aprecio esa porción de vida honrando su presencia con nuestra atención, ofreciéndole al masticarlo, amor, esa sustancia alquímica que permite que se destile su esencia, una con la nuestra.

Somos abrazo y caricia a través de nuestro cuerpo y podemos recordarlo en cada gesto, en cada movimiento, en cada roce o contacto.

El tocar amoroso también podemos experimentarlo al conectar con nuestras sensaciones emocionales turbulentas o dolorosas, esas que aparecen como tensión, contracción, ahogo, dolor... Normalmente, «eso» que nos duele no lo queremos tocar, ni queremos que nos toque. Preferimos rehuirlo o esconderlo. Pero «eso» nos está tocando ya aquí dentro. Dejarnos tocar es permitir que «eso» sea incluido, nos traspase. Sin historias sobre ello, es simplemente energía viva que se expresa, que pide espacio. Espirando, permitimos la experiencia, dejándola fluir; inspirando, sentimos sus sensaciones y matices, acompañando su despliegue con amor.

La vida nos toca y nos conmueve a cada instante. El espacio vivo y transparente en el que vivimos acaricia nuestro cuerpo constantemente. Hacernos sensibles a su contacto sutil nos permite sentir su vitalidad; no se trata de un espacio inerte o neutro, es pura vida, vibración constante, energía sin límites que lo envuelve y penetra todo.

Entrar en comunión con el espacio es entrar en comunión con lo que somos en esencia, ya que, en nuestra constitución última, más allá de la forma que adopta nuestro cuerpo, solo hay espacio vivo sustentando toda apariencia, pura luz.

La aventura más grandiosa que un ser humano puede emprender es conocer ese espacio, familiarizarse con él, descubrirlo, sentirlo, danzarlo, dejarse respirar en él. Si queremos comprender y experimentar el verdadero amor, necesitamos abrirnos a la realidad espaciosa que somos. Dejarnos tocar y penetrar por el espacio que envuelve nuestros cuerpos es encarnar ese anhelo, abrirnos a la inmensidad que somos, desde nuestra experiencia física. Es entonces cuando el cuerpo recupera su verdadera finalidad: ser un vehículo de comunicación con lo infinito, permitiendo que se exprese a través de lo finito. Todo, en nuestra experiencia corporal, adquiere entonces una nueva orientación.

Contemplemos los demás sentidos. La vista, por ejemplo, ha sido usada por el *yo separado* desde una mentalidad de supervivencia, para su uso personal. Los ojos han sido condicionados para captar información, buscar imágenes que nos satisfagan o evitar las que se consideran amenazadoras de lo que queremos percibir. Ello genera mucho desgaste, pues en lugar de abrirnos inocentemente a las imágenes que van apareciendo ante nuestra vista, van siendo nombradas, conceptualizadas, etiquetadas, asociadas con nuestro pasado, cerrándonos así a su frescura natural.

¿Podemos concebir la posibilidad de dejar que nuestros ojos se abran relajadamente a cada escena de nuestra vida permitiendo que las formas, los colores, el movimiento... aparezcan y desaparezcan sin referenciarlas a nuestros resabiados conceptos?

¿Qué tal aprender a contemplar el espacio vacío entre los objetos o los infinitos matices de la luz que los envuelve? La mirada habitual de la mente separada se focaliza en las cosas, obviando el espacio entre ellas. Salta de un objeto a otro al ritmo del pensamiento inquieto que la dirige. Eso cansa, pues la realidad fundamental en la que surgen esos objetos y que es su esencia es el espacio. Al ser despreciado, la percepción es artificiosa, deformada y altamente estresante.

¿Cómo sería, en lugar de buscar o coleccionar imágenes visuales o información a través de los ojos, concebir nuestro sentido de la vista como un modo de vehicular la luz de la consciencia hacia el mundo o de apreciarlo en sus infinitos matices de color, forma, textura, luminosidad...? ¿Cómo sería dedicarnos a iluminar lo que contemplan nuestros ojos?

Si nos detenemos en el sentido del oído, podemos abrirnos al constante aparecer y desaparecer de sonidos en nuestro entorno, sin juzgarlos, sin ni siquiera nombrarlos. Podemos empezar a detectar el espacio silencioso en el que aparecen y al que vuelven sabiendo que todo lo que oímos son modulaciones de ese silencio. Cada momento tiene una «banda sonora» particular que raramente nos detenemos a escuchar. La simple disposición a abrirnos a ella, nos sitúa en el espacio abierto de la consciencia, nuestro verdadero hogar. Sin necesidad de pronunciarnos sobre los sonidos que acompañan nuestra vida, nos damos cuenta de su constante variabilidad, sus alternancias, sus modulaciones... Podemos dejarlos suceder en la silenciosa transparencia de nuestro ser, sentirlos con curiosidad, observando lo que despiertan en nosotros. Como expresiones vivas que son, nos invitan a intimar con la experiencia de oír, algo que sucede de modo natural constantemente, sin ningún esfuerzo. Somos puro experimentar, lleno de dinamismo, que, al ser apreciado, adquiere relieve y profundidad. Curiosidad, apertura, presencia, descanso, permisividad... estas cualidades de la consciencia hacen del oír una fuente de profunda nutrición. Ello no significa que lo que escuchamos tenga que gustarnos o generar placer o bienestar. No buscamos nada más que vivir lo que está siendo vivido, honrando la experiencia que nuestra mente quizás calificaría de monótona, conocida, aburrida o incluso desagradable. Aprendemos a sentirnos nutridos en la simple experiencia de escuchar.

Todo ello, al igual que cuando escuchamos atentamente una pieza musical, nos trae al presente, a la consciencia que somos. Encontramos nuestra amplitud y espaciosidad al permitir su constante devenir.

Las experiencias del gusto y el olfato nos ofrecen la misma oportunidad: acercarnos con amor a cada sabor, a cada olor y, en lugar de quedarnos enganchados en ellos, abrirnos a sentir de un modo totalmente diferente, como si fuera la primera vez que degustamos u olemos, dejando que los sabores y olores vayan sucediéndose en nuestra consciencia receptiva, con la curiosidad y fascinación de un niño que huele o saborea algo nuevo.

Necesitamos darnos tiempo, ir más despacio. Deleitarnos con el aroma o el sabor de un bocado, la tonalidad de un sonido, el color de una flor, la textura de una tela... son oportunidades para disfrutar, modos deliciosos y siempre disponibles de sentir el gozo, la felicidad que es nuestra esencia. Aunque sea esporádicamente, durante unos segundos o minutos, en medio de una comida, por ejemplo, ofrezcámonos el regalo de saborear, sentir las texturas, respirar los olores y abrirnos a los sonidos que se van dando constantemente. Cuando, sin imposición alguna, experimentamos lo agradable que es, por sí sola la vivencia quiere repetirse y vamos siendo atraídos irremediablemente a frecuentar ese manantial de vida que fluye en cada instante y en cuyo contacto nos sentimos tan estimulados y plenos, tan profundamente nutridos.

Las pausas, el sentir de la respiración serena, exaltan la intensidad de los sabores y olores que experimentamos, nos permiten una íntima conexión con la vida a través de los sentidos. Descubrimos fácilmente que, en realidad, no hay un yo que perciba, oiga, toque, vea, huela o saboree. No hay un objeto que sea percibido, oído, tocado, visto, olido o saboreado. Hay pura experiencia: oír, tocar, ver, oler, saborear se revelan como experiencias impersonales, que se dan constantemente y cuyo componente esencial es la consciencia misma. Sin ella, ninguna experiencia sería posible.

A través de los sentidos, la totalidad se conoce, se descubre y se expresa a sí misma en el mundo de la forma. En esta comprensión radica, para mí, el secreto de la verdadera alegría, la felicidad natural. La mente egoica usa los sentidos para reafirmarse en su precaria identidad, buscando con avidez sensaciones y percepciones que colmen su vacío. Finalmente, todo es fugaz y nada le satisface de manera consistente. Los mismos sentidos, sin embargo, conectados con la consciencia del corazón, sirven para alimentarla. A través de ellos se descubre y se expresa a sí misma en el mundo de la forma. Somos esa consciencia viva que abraza todas sus expresiones.

Ante este manantial inagotable que es la fiesta del experimentar, ¿cómo seguir encerrándonos en los estrechos límites de lo conocido, enfocándonos solo en partes nimias de la realidad, contentándonos con pequeñas satisfacciones inmediatas en las que perdemos la inspiración y el poder? Lo queremos todo porque el todo es nuestra naturaleza. Comamos y bebamos pues, embriaguémonos del desbordante fluir de la vida, dejémonos acariciar, respirar, penetrar, nutrir por la energía renovadora que cada instante nos ofrece bajo todos sus matices, a través de nuestros sagrados sentidos que, al servicio de la consciencia, avivan el fuego incandescente del corazón.

El alimento de las emociones

Sabed que todos los estados de la existencia
–ya sean de la bondad, de la pasión o de la ignorancia–
los manifiesta mi energía.
Bhagavad-Gita

Ahora puedo verlo con claridad: los momentos de mi vida en que me he sentido más desvitalizada y apagada han coincidido con una negación a sentir la emocionalidad que se movía en mí, a la que temía por considerarla inadecuada.

Nuestro mundo emocional es como un oleaje en constante movimiento, una expresión siempre cambiante de ese océano vivo que somos en esencia. Cuando despreciamos sus manifestaciones como inadecuadas y las rechazamos, no solo se genera una contención violenta en nuestro interior, sino que nos vemos privados de la vitalidad que esas oleadas de emoción albergan.

Ya sea reprimiéndolas, taponándolas, esquivándolas o desahogándolas impetuosamente cuando no han encontrado una expresión natural, la tendencia de la mente, condicionada a juzgar como negativas las emociones que sentimos, nos separa de su vivencia y ello genera una dolorosa escisión, que vivimos como tensión y sufrimiento. Es una dramática falta de respeto hacia la vida querer descartar el fluir de la energía emocional.

El contacto con nuestras emociones puede ser una experiencia muy nutritiva, un alimento sagrado del que nos privamos al rechazarlas mentalmente. De esa separación surge un entumecimiento que, con frecuencia, busca compulsivamente sensaciones intensas en el mundo externo: podemos obsesionarnos con la comida, el trabajo, el sexo o cualquier sustancia o actividad que mueva un poco nuestro ambiente interior, inerte y apagado por la falta de contacto vivo con él.

Quizás creamos que buscamos todo eso por lo agradable que es y puede que así sea en cierto modo. Dada la dureza y la sequedad que sentimos, anhelamos la fluidez y la ternura que parece que pueden aportarnos esas experiencias. Sin embargo, creo que lo que de verdad buscamos es la intensidad del sentir vivo, de la que nos privamos al rechazar lo que sentimos, recluyéndolo en las catacumbas de nuestra inconsciencia.

El dolor, la pena, la rabia, la ansiedad o el miedo, así como todo tipo de impulsos o deseos que experimentamos, son expresiones de la vida que rebosan energía dinámica y nutritiva.

Podemos reprimirlos o congelarnos para evitar experimentarlos. Nos sentimos entonces débiles y apagados al cerrarnos a esa esencia que nos alienta. Podemos también anestesiarlos o desahogarlos, echando mano de cualquier recurso adictivo. O, como tercera opción, la más creativa, podemos abrirnos a ese manantial de vida cuando aparece y, simplemente, vivirlo, fundiéndonos con cada sensación, respirándola, insuflándola de presencia.

¿Qué tal si, dejando de lado esos antiguos conceptos, nos abriéramos al paisaje vivo de las emociones en el instante en que están sucediendo? Es decir, ¿qué tal si recordando la perspectiva luminosa del ahora, soltando todo juicio y asociación con otros momentos, como niños recién nacidos, nos dejamos tocar, sentir, uniéndonos a la oleada de vida que está atravesándonos, sin resistencia?

No es agradable a veces, no. ¿Tendría que serlo? ¿Son siempre agradables las tormentas, los tornados o, sin ir tan lejos, el viento frío que nos sorprende en un día de invierno en el que no estamos abrigados?

No, no siempre lo son. Y, sin embargo, esos fenómenos están empapados de vitalidad, son una extraordinaria expresión de la vida y surgen sin ser juzgados por ella, al igual que las emociones. Podemos asistir a su desenvolvimiento sin expectativas, sin un plan para eliminarlas, sabiendo que son solo eso, oleadas momentáneas que ahora toca experimentar.

Cuando nos abrimos a sentirlas, aceptando sus sensaciones, dejándonos atravesar por sus corrientes, conmover por sus ondulaciones y alternancias... nos unimos a ellas, somos esa vida que se agita y se transforma constantemente.

Somos el océano que contempla y permite sus olas mientras se mueven en él. Somos la madre que sostiene la agitación de sus hijos, acogiéndolos siempre en su seno.

Sí, es verdad que esas sensaciones de dolor, de ansiedad, de angustia o vacío, a veces nos parecen imposibles de abrazar. No podemos pedirle tal gesto a una mente condicionada por el rechazo y la separación. Ni tampoco a un cuerpo que la refleja, cerrado al sentir, condicionado para evitarlo. El *yo separado* se ve abrumado cuando cree que se le pide hacer algo así, ya que, por su propia definición, no puede. En sus estrechos límites corporales no cabe tal intensidad ante la que, lógicamente, se siente amenazado e impotente. No, estas propuestas no son para esa ficticia personita que se cree encerrada en un cuerpo. Desde su reducida mentalidad, solo tiene acceso a fragmentos de la totalidad. Las emociones se perciben separadas del espacio vivo en el que aparecen. Al ser consideradas como algo amenazante, o un problema que arreglar en el que hay que centrarse, se magnifican y se detiene su fluir. La natural capacidad de los movimientos emocionales para disolverse en el océano de la vida se ve retenida por ese enfoque controlador, centrado en una supuesta resolución aislada. Así, las emociones adquieren un significado y un calibre artificial. Sin embargo, contempladas y sentidas en unidad con la vida, en el inmenso espacio del ser, se sienten como sus expresiones momentáneas, siempre danzantes, pasajeras y nunca amenazantes. Hay tanto espacio para ellas...

Necesitamos enamorarnos de esa espaciosidad del ser, sabiendo que es en esa inmensa amplitud en la que surgen y se mueven las emociones. Por ello es importante aquietarnos, sumergirnos en la presencia viva que somos, en lugar de embarcarnos en un movimiento mental evitativo que, a veces, utiliza incluso el sentir para conseguir librarse de la experiencia presente.

La vida que somos siempre está aceptando todas sus expresiones instantáneamente. Sabernos esa vida amplia y unirnos a ella en su natural acogida nos permite descansar mientras todo se mueve en nuestra amplitud. Dejar que todo suceda, sin asumir las sensaciones emocionales como algo personal, nos libera de la necesidad de evitarlas, arreglarlas o eliminarlas. Suceden en el inmenso espacio de la vida que somos. Sabiéndonos ella, lo natural es permitir, dejarlas suceder.

Por eso es importante cultivar la apertura del cuerpo, permearlo de esa consciencia espaciosa que somos a través de la respiración, el movimiento libre, la comunión con la naturaleza, el agua, la tierra, la luz del sol... El cuerpo es un instrumento maravilloso de comunicación con la energía de la totalidad. Al haber estado al servicio de una mente separada, refleja aún esa cerrazón que parece impedir el fluir natural de la emocionalidad. Mantener en él la presencia es una hermosa aventura que le permite ir despertando a su verdadera función, al servicio de la comunicación y la unidad.

El contacto con el mundo natural nos recuerda que somos naturaleza y que todo movimiento emocional no es sino una expresión, a veces salvaje y desbordante, de ella. No hay nada que rechazar, pues todo lo que sentimos son expresiones de vida que, si no son juzgadas o asociadas con nada, nos pueden ofrecer su riqueza y reforzarnos con su intensidad. Todo lo que se presenta, si nos dejamos atravesar por su vitalidad, nos vivifica. Todo es un regalo.

Así que, podemos aprender a respirar con ellas, a ofrecerles el aliento que necesitan para vivirse, participando en sus movimientos al inspirar y al espirar. Entonces, poco a poco, al sentirse admitidas, esas criaturas que se expresaban a través del malestar o la contracción pidiendo atención, pueden encontrar un hogar abierto y acogedor que les había sido negado. Y pueden procesarse, calmarse, descansar en brazos del amor que les está siendo ofrecido. Su vitalidad, aceptada y vivida en profundidad, se ha liberado y ahora circula en abundancia por nuestras venas. Sentimos intensidad, esa vitalidad que había quedado retenida al no ser atendida. Nos sentimos vivos y completos, nutridos por la esencia que se ha destilado a través de esos movimientos emocionales que parecían amenazar nuestra estabilidad, pero que se han revelado como pura expresión de la vida, dejándonos su tesoro: la conexión con lo que es.

En realidad, no hacemos nada. Simplemente nos abrimos a una fuente insospechada de nutrición que nos ofrece la vivencia emocional. En lugar de alimentar a la emoción tratando de eliminarla o apegándonos a ella, la usamos para recordar y nutrir la amplitud abierta y amorosa que somos en esencia.

De haber evitado la experiencia sentida, desplazando nuestra atención de ella, recurriendo a cualquier entretenimiento o evasión, pensando sobre ella o tratando de arreglarla, nos habríamos alejado de esa vitalidad poderosa que ahora nos recorre. Algo se habría quedado sin procesar, sin digerir, acumulado o escondido en algún rincón de nuestro cuerpo, buscando en vano el modo de liberarse. Y, sin duda, nos sentiríamos menos vivos, atorados, desmotivados o con necesidad de encontrar un sucedáneo que nos vitalizara. Nos percibiríamos aún más separados, carentes y disminuidos, al haber sobredimensionado una expresión momentánea de la consciencia queriendo erradicar sus sensaciones. Ello nos suele dejar sumidos en una autoimagen de pequeñez y dependencia.

La vulnerabilidad que experimentamos es una puerta extraordinaria hacia el descubrimiento de lo que somos. Por eso, la mente egoica se afana constantemente en evitarla. La juzga como inadecuada y nos juzga como seres débiles o insuficientes cuando nos sentimos perdidos, confusos, agotados o inseguros. Desde el ego, todos esos estados son enseguida condenados y, cuando creemos sus juicios, nos sentimos aún más vulnerables y asustados. «Haz algo, no te quedes ahí parado», parece decir. Y solemos precipitarnos a buscar remedios o paliativos, a salir de ese lugar que consideramos inaceptable, defendiéndonos de mil maneras, planificando, resistiéndonos o anestesiando el malestar que sentimos.

Pero ¿y si no hubiera nada que evitar o defender?, ¿y si observáramos esos juicios de la mente, esas sensaciones inexplicables, esas emociones aparentemente amenazantes y nos atreviéramos a vivir tales olas de experiencia como lo que son, vida en movimiento?, ¿y si, sabiéndonos océano, aceptáramos el vaivén de las olas con un profundo sí? Ese sí es el que nos une a la totalidad que somos, acogedora de todas las alternantes expresiones de la vida. Ese sí es el que nos deja descubrir nuestra verdadera fortaleza, nuestra invulnerabilidad intrínseca. Curiosamente, al abrazar la vulnerabilidad descubrimos nuestra realidad invulnerable.

Necesitamos reinterpretar, desde la consciencia, todo lo que aparece en nuestro presente. Podríamos contemplar una emoción dolorosa como una petición de amor, de atención íntima, como una criatura perdida que busca ser incluida, acogida en el hogar, reconocida como una expresión momentánea de la vida que somos en esencia. Al acogerla, nos reconocemos como la consciencia amorosa que vive en el núcleo de toda experiencia, sea cual sea su forma y su desenvolvimiento. Y este reconocimiento es la verdadera nutrición que siempre nos ha estado esperando.

La energía del deseo

> Sentir un deseo es entrar en una frecuencia
> que nos impulsa a crear.
> Es un impulso dinámico que se dirige
> hacia una nueva realidad,
> expandiéndonos más allá de lo conocido.
> **Del libro *Del hacer al ser***

Cuando se produce un cambio de perspectiva tan poderoso como el que estamos contemplando, dejar de identificarnos con un personaje disminuido para abrirnos a la consciencia viva que somos, toda nuestra existencia, ineludiblemente, se hace eco de ello. Para mí, el deseo es una de las áreas que más se transforma con esta apertura. De sentirse como un agente generador de perturbación, que no sabemos con frecuencia cómo manejar, el deseo pasa a convertirse en una fuente inagotable de energía y felicidad. ¿Cómo puede ser esto?

El ego no sabe manejarse con lo que no es concreto y no puede controlar. Cuando la energía del deseo se despierta, sea cual sea la forma que tome, su automática reacción es buscar un objeto para colmarla, ya que esa energía le incomoda. Ante esa vibración dinámica que le atraviesa siente inseguridad si no le da un objetivo, si no busca consumarlo en algo tangible: conseguir alguna cosa, tener una relación sexual, consumir alguna sustancia, llamar a alguien, ir a algún sitio, empeñarse en un logro que le reporte reconocimiento... Así, aunque es triste decirlo, se «mata» el deseo.

Y una vez alcanzado el objetivo, una vez apagado el fuego que nos encendió, tras los primeros momentos de alivio o satisfacción, nos volvemos a sentir desvitalizados, en busca de un nuevo deseo que nos despierte o nos dinamice. Es penoso, sí; o, más bien, rudimentario, pero nadie nos enseñó a ir más allá. Nadie nos enseñó que el deseo es una energía divina, es la energía creativa de la vida. Se mueve en nosotros con fuerza. Nos conmueve profundamente y, desde nuestra perspectiva disminuida, no sabemos cómo manejarla. Las dos posibilidades más recurrentes desde esta mentalidad limitada que no la sabe contener es desahogarla o reprimirla. Las mismas opciones que contempla ante cualquier emoción. La primera nos deja desmagnetizados, empobrecidos, cansados. La segunda, nos perturba y nos envenena, pues la energía viva no admite contención. Su naturaleza es fluir, extenderse, expresarse y volver a su origen tras su viaje creativo, cargada de conocimiento y comprensión.

Si no nos precipitamos a darle un objetivo concreto, a enterrarla en una consecución rápida, se abre un campo de posibilidades infinitas, un apasionante viaje de exploración. Es la tercera vía. Desde la perspectiva de lo que somos, todo lo que aparece en nuestra experiencia no tiene otra finalidad que ser vivido en profunda comunión. Eso es la consciencia, conocer profundamente, reconocer nuestra íntima unión, dejar de separarnos de la vida. Pues bien, ¿qué tal unirnos a la energía del deseo? En lugar de intentar hacer algo con ella, como desahogarla, reprimirla o gestionarla, desde el instante en que aparece, no nos separamos de ella.

¡Vivirla! Darle espacio, libertad para que circule y nos atraviese como lo que es, pura vida sin nombre buscando ser vivida. Honrar esta energía, conocerla y atrevernos a descubrir que quizás, el deseo, lo que anhela no es una consecución inmediata sino la experiencia de su poderosa vitalidad e inspiración. Si dejamos de lado el objetivo, ¿qué tal sentarnos con esa energía un rato y darle espacio, abrirnos a sus sensaciones, respirar sus alternantes ondulaciones, fundirnos en su danza, acompañando cada uno de sus matices con el abrazo de la inspiración y la espiración? ¿Qué tal dejar que nos inunde observando cómo se disuelven en su intensidad los límites de un cuerpo que no la puede contener? Dejando que nos ensanche por dentro, que nos dinamice, absorbiendo su vitalidad al inhalar, extendiéndola al exhalar... podemos experimentar una poderosa nutrición.

¿Y qué sucederá después? ¿Eso significa que nunca iremos a conseguir nada? —pregunta preocupada la mente condicionada a las consecuciones inmediatas— ¡No! No significa nada de eso. Aceptar la invitación de vivir la energía del deseo tal y como es nos sitúa en brazos de la vida y es ella la que se encarga de llevarnos hacia todo lo que desee realizarse a través de nosotros.

Recordemos que, en realidad, cuando deseamos, no somos nosotros los que deseamos, es la vida quien se expresa en nuestro sentir. Somos su vehículo, el modo en que ella crea. Por lo tanto, bástenos con unirnos a su energía poderosa y dejémonos guiar por ella. Ella sabe. Lo nuestro es la disponibilidad. Es hermoso saber, desde esta nueva perspectiva, que todo lo que parece que deseamos, nos está deseando a nosotros. Todo anhela la unidad de la consciencia, la inclusión y el reconocimiento que podemos ofrecer a cada detalle de la vida desde la presencia amorosa que somos. Esta comprensión lo cambia todo.

Por otra parte, si miramos profundamente, la forma concreta en que el *yo separado* quiere colmar esos deseos que experimentamos, vemos que son el modo de codificar los verdaderos anhelos del alma, mucho más profundos, más extensos y poderosos. Soltando la reducción que la mente limitada hace de ellos, nos abrimos a su significado profundo, dejando que la vida encuentre los modos de realizarlos en cada instante, abriéndonos a un manantial de posibilidades que no podemos ni concebir por mucho que lo intentemos.

Por poner algunos ejemplos, podemos comprender fácilmente que, tras el aparente deseo de viajar, puede estar latiendo un profundo anhelo de libertad. Quizás, tras el deseo de muchos encuentros sexuales se exprese un intenso anhelo de una intimidad más profunda con la vida, que no se colma solo con momentos de sexo compartido. Es posible que, tras el deseo de comer ciertos alimentos se esté expresando un anhelo de conexión, dulzura o de ternura que no hemos podido o sabido cultivar en nuestro interior. Tal vez, tras el deseo de reconocimiento en el mundo, está llamándonos la necesidad profunda de reconocernos en nuestra verdadera naturaleza, poderosa y amplia. En realidad, detrás de todos los deseos concretos descansa nuestro anhelo auténtico: descubrir la espaciosidad de nuestro ser, que incluye y abraza todas las formas. Desde esa consciencia, todo nos pertenece y podemos beber sin cesar de la infinita abundancia que nos puebla.

Si exploramos esos deseos concretos, en lugar de desecharlos, quizás descubramos que son puertas a una profunda comprensión. Nos vitaliza experimentar su energía, llenándonos de entusiasmo y dinamismo. Y nos inspira también desvelar su profundo sentido. ¿No es una maravillosa fuente de nutrición?

A modo de sugerencia:

Te propongo una hermosa práctica, muy sencilla y accesible, si quieres familiarizarte con esta nueva manera de contemplar y experimentar la energía del deseo.

En realidad, siempre tenemos ante nosotros, sea cual sea la circunstancia que vivimos, dos opciones: dejarnos llevar por el automatismo del condicionamiento adquirido, reaccionando como hemos aprendido, o abrirnos a experimentar desde el corazón.

Podemos usar como experiencia de deseo un simple impulso cotidiano, como ir a comer algo en un momento de confusión o cansancio. ¿Y si nos aquietamos y nos ofrecemos un espacio y un tiempo de exploración? Merece la pena darnos el lujo de asomarnos a un nuevo horizonte, simplemente sentándonos amablemente con el impulso que sentimos. Podemos atender la respiración interesándonos por su cadencia, siguiéndola con atención y curiosidad. Nos hacemos sensibles a los matices de sensación que aparecen en la garganta, el pecho, el estómago, el vientre... Es muy posible que observemos cómo la mente se enfoca una y otra vez en un objetivo: tomar eso que se le ha ocurrido y que considera va a paliar su malestar. Si nos hacemos muy sensitivos, veremos que cada vez que aparece esa imagen o idea, las sensaciones aumentan de intensidad. Pues bien, abrámonos a todo lo que estamos viviendo, en lugar de enfocarnos en la consecución del alimento deseado. Interesémonos con amor por la experiencia del desear. Es como sumergirnos en un espacio inédito en el que se mueven todo tipo de fenómenos y corrientes que queremos conocer. Quizás aparecen sensaciones intensas y podemos respirar con ellas, dándoles espacio con cada espiración para moverse, expresarse. Inspirando, las acompañamos con el aliento, sintiéndolas en profundidad. Cada vez sentimos más espacio y apertura para acoger todo lo que aparece, sea cual sea su forma. Los pensamientos, quizás insistentes, son también permitidos, forman parte de la experiencia. Todo es incluido.

No se trata de eliminar nada sino de comulgar con todo, de conocer íntimamente cada matiz de esa experiencia tan viva llamada deseo. Unidos a ella, nos sentimos fortalecidos por su esencia mientras quizás observemos que el objeto deseado pierde relevancia. Su función ha sido ofrecernos la posibilidad de conectar con la consciencia abierta que somos y reconocernos como ella.

Pase lo que pase después, ya no nos resultará tan relevante como el reconocimiento de ese poder vibrante al que accedemos al vivir la experiencia del deseo.

La nutrición de los pensamientos

El pensar auténtico,
saturado de energía creativa,
surge en el silencio del corazón.

Me gusta considerar los pensamientos como los alimentos de la mente. Del mismo modo que, cuando comemos algo de baja calidad o en malas condiciones sentimos incomodidad o quizás se produzca una indigestión en nuestro cuerpo, cuando aceptamos y creemos pensamientos desconectados de la vida, sufrimos un tipo curioso de indigestión emocional que se refleja enseguida en nuestras sensaciones corporales. Si prestamos atención, notaremos contracción, encogimiento, aceleración o dolor de cualquier tipo.

¿Qué mejor motivación para decidirnos a observar cuidadosamente los pensamientos que estamos creyendo? Es lo que hacemos cuando, después de haber comido algo, nos sentimos indispuestos; necesitamos descubrir cuál ha sido el alimento causante de ello. El sufrimiento emocional que experimentamos es también la señal que nos indica que algo que hemos aceptado como cierto no lo es. Así de sencillo.

¿Qué estaba pensando? ¿Qué llevo rumiando en mi mente en los últimos momentos, horas o días? son preguntas básicas que nos invitan a mirar profundamente y a comprendernos. En realidad, estamos hablando de responsabilidad. Una mente al servicio de la consciencia es una mente responsable. Identificar esos pensamientos semiinconscientes que guían nuestra vida en la sombra, sacarlos a luz, escribirlos incluso, es fundamental si anhelamos la claridad.

Proceder así nos permite entonces investigar esa forma de pensar dislocada que, al darle credibilidad, genera sufrimiento. Cuestionamos la apariencia, lo que damos por cierto, lo que no sabe a verdad. Los pensamientos que utilizamos son activos y curiosos. Hacen preguntas: ¿Es verdad esto que me estoy creyendo? ¿Cómo me siento cuando me lo creo? Expresan el anhelo de conocer lo real. La mente, honestamente, admite su ignorancia, aceptando que no sabe y abriéndose así a la verdad. Comprendiendo que la verdad no pertenece al ámbito mental, estos pensamientos de investigación son instrumentos para ir más allá de las creencias asumidas como ciertas, cuestionándolas constantemente. Este pensamiento que sostengo, ¿me ama?, ¿me acerca a la unidad o me separa de la vida?, ¿me da paz?, ¿me ayuda a vivir este momento?... Nuestra creatividad puede generar preguntas muy útiles que cuestionan profundamente esos hábitos mentales en los que invertimos sin reparar en su veracidad. Si no están conectados con la verdad, experimentaremos confusión, inquietud o estrés. Y este malestar tiene una función, servirnos de señal para cuestionarlos y volver a la realidad.

Este es uno de los modos creativos y potentes de usar nuestra mente: *indagar*, mirar con profundidad. Ahondemos un poco en ello...

Cuestionar la veracidad de lo que pensamos nos lleva a darnos cuenta de que la fuente de la que surgen esos pensamientos no puede ser muy fidedigna. Se trata simplemente de una autoimagen formada por un manojo de creencias que, al ser sostenidas, generan una ilusión de identidad con cierta solidez.

La indagación más valiosa que la tradición advaita nos ha transmitido nos invita a preguntarnos con frecuencia: ¿Quién soy yo? ¿Qué soy? Es una pregunta que, durante mucho tiempo de mi vida dejaba de lado por considerarla demasiado filosófica, abstracta, alejada de lo que realmente era importante para mí. Aún no había descubierto claramente la diferencia entre esa identidad ficticia, buscadora hambrienta en el mundo de las formas, y la realidad esencial de lo que soy, unida a todo.

Sin embargo, esta cuestión se hace cada vez más necesaria, por no decir indispensable. Todo radica, en realidad, en ello.

En todo momento puedo preguntarme: ¿Desde dónde estoy viviendo? ¿Desde la verdad de lo que soy o desde una imagen superpuesta con la que me he confundido? ¿Desde la amplitud o desde la pequeñez? ¿Qué identidad estoy nutriendo ahora mismo?

Hay muchas formas de formularlo que nos llevan al mismo sitio. Cada instante es la oportunidad para despertar a nuestra verdadera naturaleza. Las simples preguntas ya nos invitan al silencio y nos sitúan en la perspectiva de lo auténtico. Desde ahí contemplamos en qué nos hemos involucrado, en qué está siendo invertida nuestra atención. Si estoy sufriendo, si experimento estrés, carencia o malestar de cualquier tipo, sin duda me he confundido con ese *yo separado*, que se cree necesitado y que busca en el mundo de los objetos su compleción, evitando también lo que en ese mundo considera amenazador.

Me he disminuido por un momento y, claro, me siento carente, necesitada, tengo hambre de algo que pueda llenar mi vacío, resultado de esa dolorosa desconexión de la vida presente.

A ese «yo» es al que estoy nutriendo cuando asumo sus pensamientos y giro en torno a ellos o cuando trato de deshacerme de las emociones que provoca el creérmelos. Vacío, desnutrición, desconexión: tal es mi experiencia desde esa identificación.

¿A quién estoy alimentando? Esta sería la verdadera pregunta, la auténtica cuestión, que me invita a una nueva elección consciente: ¿Es eso lo que quiero seguir nutriendo? ¿No le he dado ya demasiada atención y energía al mundo de las cosas al buscar en ellas algo que nunca podrán darme? ¿No es suficiente la pobreza interior que experimento al dar mi preciosa vitalidad a este *yo ficticio* que absorbe mi inspiración cuando le doy mi credibilidad? ¿Qué deseo nutrir?

Cuando suelto el enganche con el mundo de las formas, cuando dejo de buscar en ellas alimento (reconocimiento, aceptación, amor, compleción...), todas las energías que estaban siendo invertidas en lo ilusorio vuelven naturalmente a su fuente, el corazón, el ser del que surgieron, y me encuentro inmediatamente en el hogar. Mis canales se abren a la abundancia que siempre estuvo disponible para mí y aquí lo encuentro todo. Me siento profundamente nutrida.

Vemos así que la verdadera clave de la nutrición, en su sentido más profundo, radica en esto: ¿Dónde nos estamos situando? ¿Qué estamos nutriendo? ¿En qué estamos invirtiendo nuestras energías? ¿Estamos alimentando lo real, la vida que somos, o lo que realmente no es nada? En el primer caso, nos sentimos exaltados. En el segundo, nos empobrecemos.

Sin embargo, aún en este último caso, los pensamientos pueden ponerse siempre al servicio de la nutrición auténtica. Incluso si surgen de la mente condicionada, *detectarlos, indagarlos y mirarlos con comprensión* nos sitúa inmediatamente en el uso lúcido de la mente, en el espacio abierto de la consciencia que somos, desde el que no hay rechazo ni lucha, solo comprensión.

Usar la mente para indagar, para acercarnos a la realidad del ser, es una forma de pensar muy diferente a la habitual. Es un uso de la mente abierto, al servicio de la consciencia. Está conectado con la vida y nos une a ella, nos ayuda a soltar la credibilidad que le otorgábamos a lo falso.

No tenemos nada que temer de los pensamientos, no son enemigos. Recordemos que no hay nada fuera del ser. Todas las imágenes que se pasean por la mente son formas contraídas de la única conciencia de la que todo surge y en la que todo se disuelve. Es nuestra credibilidad y nuestra identificación lo que les ha dado la fuerza que parecen tener. Mirarlos con lucidez y comprensión nos permite retirarles esa energía que, inconscientemente, les habíamos otorgado y les hacía seguir vigentes.

Cuando dejamos de nutrir ese modo de pensar que nos aliena, toda la energía que habíamos invertido en pensamientos limitantes, queda libre ahora para crear a través de nuestra mente.

¿Cómo es esa mente libre e inocente? No se basa en conceptos referidos al pasado o al futuro. Los pensamientos nacen del presente eterno, no del tiempo. Se refieren al ser, no al hacer. Se extienden, no limitan. Son inclusivos, no excluyen nada. No obligan, ni juzgan, ni prescriben. No son personales, no se enfocan en un yo restringido ni en sus tendencias particulares, aunque pueden acercarse a describirlas para contemplarlas claramente. Brotan de una identidad más profunda y vasta: la consciencia. Aunque se expresen en palabras, en formas, evocan lo *sin forma* y tratan de acercarnos a ello. Aportan paz, lucidez, comprensión y nos conectan con nuestra felicidad profunda.

Acceder a este funcionamiento de la mente conectada con la vida solo requiere una condición: silencio. Ese campo silencioso se encuentra más allá del enjambre de pensamientos que trajinan sin cesar en la superficie de nuestra consciencia.

En mi experiencia, la conexión con el silencio que somos se facilita al sintonizar con el aliento. Mientras el aire va saliendo y entrando lentamente en mi cuerpo, el espacio entre los pensamientos va ampliándose. El aquietamiento que se produce naturalmente me adentra poco a poco en una perspectiva más profunda y espaciosa que contempla el vaivén de lo que se mueve, sin involucrarse en ello. Voy acercándome al corazón, a la esencia pura que soy.

Los pensamientos, que puedan surgir entonces son de otro signo. Aluden a lo que es, a la simplicidad que se me revela ahora mismo. Brotan de una conciencia que no tiene nada que ver con esa frágil identidad con la que tiendo a identificarme en el mundo de la superficie, generando conflicto o inquietud. Los pensamientos que surgen de este espacio silencioso son abiertos: hay espaciosidad entre ellos y cada uno puede saborearse lentamente. Nos inspiran a ir más allá del modo utilitario de usar la mente, a mirar profundamente, a degustar la esencia, más allá de la apariencia. Son un alimento, un pan vivo para el alma.

Estos pensamientos apuntan al silencio del que brotan, a lo que somos en realidad. No siempre pueden plasmarse bien en palabras, pues estas pertenecen a un lenguaje dual y no pueden expresar lo inefable, que solo es unidad. Nos llevan a intuir esa realidad que evocan. Son como dedos que apuntan a algo, pero no pueden expresarlo. Nos permiten explorar, nos llenan de inspiración, nos inundan de creatividad y de energía. Nos sugieren, a veces, ideas, posibilidades renovadoras, caminos de exploración que nos entusiasman.

Tomen la forma que tomen, se reconocen. Aunque parezca que ya los hemos escuchado, en el momento en que aparecen son nuevos. Surgen de una fuente clara y genuina, la conciencia siempre presente. Son expresiones humanas que quieren acercarse a nuestra naturaleza esencial. Al enunciarlos, experimentamos bienestar, paz y conexión. Podemos también respirar con ellos, y al hacerlo, saborearlos, meditarlos despacito, como quien mastica un bocado delicioso.

En muchas tradiciones se habla de la *voz interior*. Para mí, simplemente, es la voz de la vida. Tanto las prácticas de meditación silenciosa como los textos inspirados de la sabiduría perenne son modos de acercarnos a esa *voz* que se expresa en lo profundo. Estos tratan de expresar en palabras lo que en la experiencia profunda de descanso meditativo vivimos como silencio. Las palabras, evidentemente, solo apuntan hacia ello.

Tú conoces bien ese espacio que a veces se expresa como intuición. Es tu propia sabiduría, reflejo de la profunda inteligencia de la vida que surge en tu interior. Cuando la escuchas y la sigues, te sientes en paz y una seguridad inexplicable te sostiene, la certeza de estar apoyándote en lo real, de ser nutrido y sostenido por una inefable certeza.

Relaciones energizantes

Una persona no es una cosa o un proceso,
sino una apertura a través de la cual
se manifiesta lo absoluto.
Martin Heidegger

Nuestras relaciones con el mundo, al creernos entidades separadas de la totalidad, suelen ser decepcionantes. Ya se trate de personas con las que queremos estar, cosas que deseamos poseer, conocimientos a los que queremos acceder, alimentos que deseamos comer, situaciones en las que deseamos encontrarnos..., al asociarnos con todo ello con la esperanza de sentirnos más completos, la decepción sobreviene tarde o temprano.

Evidentemente, los objetos con los que nos relacionamos pueden mostrarnos momentáneamente reflejos de eso que anhelamos, de ahí la atracción que sentimos. Pero al hallarnos separados de su fuente, enseguida constatamos que su fluir se agota, pues por sí mismos, no tienen capacidad de ofrecernos nada de modo consistente.

Como ejemplo, acerquémonos a las relaciones con otras personas. Tal como son concebidas normalmente, están al servicio de la separación que tratan de superar. Parece chocante, ¿verdad? Mirémoslo bien. La búsqueda de acercamiento a otros seres humanos surge con frecuencia de una sensación de aislamiento o soledad que intentamos evitar. Sentirnos separados es una percepción totalmente artificiosa y antinatural, ya que solo existe la unidad. Desde el dolor que supone tal disfuncionalidad, buscamos relacionarnos para paliar el malestar y el aislamiento que sentimos. Pero claro, desde esa base, nada puede prosperar. Al enfocarnos en algo o alguien que pueda llenar o aliviar ese extraño vacío, esa soledad tan dolorosa, nos alejamos aún más de la consciencia de lo que somos, pura vida completa y conectada con todo.

Ineludiblemente, tarde o temprano, experimentaremos la frustración y el vacío que tal abandono supone. La separación que tratábamos de paliar, se sentirá aún más intensamente. Estas experiencias en apariencia tan decepcionantes, sin embargo, si sabemos aprovecharlas, son una oportunidad única de volver a lo esencial y descubrir la presencia que somos y que nunca nos abandonó. Aunque rechazadas por el ego, esconden en sí una fuente de profunda nutrición y comprensión.

Nada con lo que nos relacionemos en el mundo de la forma podrá jamás colmar nuestro anhelo de conexión o de unidad mientras sigamos abordándolo desde una concepción disminuida de lo que somos y de lo que esos objetos son. Evidentemente, mientras sigamos identificándonos con un yo carente, solo veremos objetos carentes y limitados de los que, aun así, trataremos de extraer unas migajas que nos decepcionarán una y otra vez.

La única relación real surge del corazón, es decir, de la consciencia que reconoce en cualquier objeto (persona, situación, alimento…) la vida que lo sostiene, más allá de su forma o apariencia.

La verdadera unión o el verdadero amor son posibles cuando no nos enfocamos en la apariencia de las personas a las que amamos, sino en la esencia de la que surgen y que se expresa a través de ellas. Esa es la realidad que compartimos y en la que siempre estamos unidos.

Encontrarnos desde esa apertura supone, simplemente, habernos descubierto como ella. Solo si me conozco como amplitud, como la presencia que soy, podré ver esa presencia en todo. Será natural acercarme a un ser humano o a cualquier cosa y elegir con qué me quiero relacionar, con su aparente solidez o con la esencia que lo vive. Por expresarlo con una imagen, puedo decidir si me quiero relacionar con la lámpara o con la luz que se irradia a través de ella.

En realidad, la luz que irradia desde ti es la misma que lo hace desde mí, y desde esa perspectiva, nunca nos hemos separado. Me gusta usar también la imagen del sol y sus rayos. Podríamos considerar que cada ser humano, cada criatura, cada experiencia, no son sino el disfraz de esa luz que se expresa creativamente a través de infinitas formas. Son estas las que parecen separarnos, aunque en realidad, están hechas de la misma esencia luminosa que se modula constantemente, apareciendo y desapareciendo.

Si nos acercamos a otro ser humano desde esta íntima comprensión, sabiéndonos expresiones creativas de la misma fuente, lo que surge es una actitud de apertura, respeto y profunda curiosidad. Se trata de ver más allá de lo aparente, de descubrir esa luz que es la constitución última de todo lo que percibimos como separado. En ella no hay división. Solo hay unidad.

Lo que experimentemos en cada instante no puede ser controlado. Y, muy seguramente, atravesaremos fases en las que viviremos aparentemente lo más opuesto a esta profunda comprensión. Surgirán, sencillamente, todos los obstáculos que hemos superpuesto a la simple realidad: temores, dolor, resistencias, juicios... Todo ello pidiendo ser también vivido, incluido en la consciencia del corazón, abrazado, comprendido, entregado y disuelto en el amor.

Cada encuentro con alguien nos brinda así una nueva posibilidad de nutrición, si nos unimos a la presencia que somos. Se nos ofrece un regalo fascinante: encontrarnos en el presente, sin recurrir a recuerdos ni expectativas, sin buscar o negar nada, sintiendo en profundidad, incluyendo todo lo que aparece (emociones, sensaciones, pensamientos) como alimentos potentes, poderosos estimulantes de nuestro despertar.

Para la pequeña mente, condicionada por la sensación de carencia y la búsqueda de compleción, esta posibilidad parece muy difícil. ¿Qué hay de esas personas ante las que sentimos repulsión por sus expresiones rudas o incluso agresivas? ¿Qué ocurre cuando nos vemos involucrados en situaciones que parecen dañarnos, agitarnos o sacarnos de nuestras casillas? ¿Cómo no rechazar lo que concebimos como la causa de nuestro sufrimiento? ¿Qué tipo de nutrición podría experimentarse en tales escenarios que nos despiertan tanta reactividad si lo que querríamos es huir de ellos?

Evidentemente, lo que expongo no supone para nada que tengamos que soportar ningún tipo de situación alienante o degradante; no se refiere a la conducta, pues esta es el efecto de una comprensión más profunda y sucede espontáneamente.

Las relaciones que establecemos con el mundo pueden considerarse una proyección de cómo nos relacionamos con nuestra propia vida. Están ahí para mostrarnos de forma fidedigna un paisaje al que no solemos acceder en nuestra interioridad. Todo lo que nos toca o conmueve de un modo u otro nos está hablando de áreas de nuestro propio mundo interior que necesitan ser atendidas, que buscan ser reconocidas y comprendidas. Este es el don de todo aquello que despierta en nosotros reacciones automáticas intensas: si aprovechamos su mensaje, nos puede traer a mirar profundamente donde no solemos mirar y a darnos el amor y la atención que nos solemos negar. Esto es verdadera nutrición, que nos llega con frecuencia de la mano de aquello que rechazamos visceralmente. Esos seres humanos o circunstancias que desde el ego consideraríamos «enemigos», no son la causa de nuestro sufrimiento. Simplemente despiertan el que hemos ido acumulando y que busca ser reconocido y abrazado. Nos sirven como espejo para acceder a las verdaderas causas, nuestras interpretaciones y pensamientos dislocados.

Por otra parte, también es necesaria una nueva comprensión de todo ese mundo que despierta tanta reactividad. Tanto las personas como las circunstancias que parecen perturbarnos de mil maneras están buscando, simplemente, amor. O, dicho de otro modo, unión, la conexión primordial con todo. Nada ni nadie puede buscar en realidad otra cosa porque ese amor es nuestra esencia y es lo único que puede colmarnos. Las formas de hacerlo parecen a menudo disfuncionales, es cierto, pero en el corazón de todas estas reacciones siempre hay una petición desesperada del verdadero alimento: el amor que somos y que hemos olvidado.

Saber esto no significa que tengamos que hacer algo para que se sientan mejor, ni necesitamos elucubrar cómo darles lo que parecen necesitar. Desde la situación dolorosa que estamos viviendo sería imposible y nuestra verdadera responsabilidad es más profunda. Lo que se nos ofrece es recuperar la perspectiva del amor que somos, la consciencia amplia que abraza todo. Desde ahí, ya es posible contemplar, para empezar, lo que estamos sintiendo. He ahí la primera petición de amor, la más inmediata, la de nuestra propia vulnerabilidad. Ser amor para ella es unirnos a la presencia, contemplarlo todo con espaciosidad, permitirlo todo como solo la vida sabe hacerlo. Ese abrazo se extiende naturalmente a todo lo que va apareciendo también en lo externo. Las reacciones abruptas de los demás pueden ser comprendidas si esa comprensión ha empapado nuestra emocionalidad, si ha penetrado con su claridad los pensamientos que la despiertan… La presencia que abraza lo que acontece no es algo que hacemos, es nuestra naturaleza profundamente comprensiva y acogedora a la que cada relación nos invita a acceder. Ese es su regalo.

Cuando nos reconocemos como el ser, unidos a todo…, ¿qué lugar ocupan entonces todas las circunstancias de nuestra vida a las que les habíamos dado el poder de completarnos o nutrirnos? Si, desde la perspectiva de lo que somos, pura compleción, no hay necesidad de buscar nada al relacionarnos... ¿qué sentido tienen ahora [illegible]?

No desaparecen, en absoluto, sino que son contemplados como lo que son, expresiones de la misma vida. Su función, ahora, es diferente: recordarnos, despertar el recuerdo de lo que somos una y otra vez. Tanto cuando nos inspiran o agradan como cuando nos sentimos perturbados o molestos, su función sigue siendo la misma, nutrir. Antes parecían nutrir una supuesta carencia y, por ello, los buscábamos. Ahora, están ahí para nutrir la consciencia, ayudándonos a evocar nuestro ser y conectar con él. Cuando esas circunstancias nos inspiran, despiertan el recuerdo de la belleza, la paz o el amor que es nuestra esencia. Cuando nos perturban, apuntan a esas memorias del sueño de separación que necesitan ser observadas. Emociones, pensamientos, aconteceres... devienen también alimentos, experiencias que nos ayudan a recordar, al ser contempladas desde una perspectiva mayor, la del amor que somos. Así la despiertan, esa es su función cuando nos encontramos perdidos o confundidos en un mundo que no es el nuestro, reducidos a unos estados ilusorios que nos hacen sufrir.

Cada cosa, cada persona, cada situación de nuestra vida está ahí para cumplir esta sagrada función, nutrir la consciencia del ser que somos. ¿La aceptamos o preferimos seguir otorgándoles el poder de paliar nuestra supuesta necesidad? Según lo que decidamos, estaremos reconociendo nuestra integridad o negándola. Así de sencillo. Está, ahora mismo, en nuestras manos. En esto consiste, en realidad, nuestro aprendizaje, en recordar lo que somos. Por momentos recordamos, por momentos olvidamos... y seguimos jugando a reducirnos en *pequeños yoes* necesitados de objetos o personas con los que relacionarnos.

Felizmente, la vida que somos, contempla esos juegos infantiles de búsqueda con un inefable amor, mientras alienta y sostiene esas locas aventuras de sus hijos en el mundo de la superficie. Poco a poco, el cansancio y la frustración nos van deteniendo, agotados de buscar la estabilidad donde no se encuentra. Y nos dejamos caer en el seno de la Madre, que abraza el retorno de sus hijos como abrazó también su partida. Era solo un juego. Volvemos al presente, el entrañable espacio donde siempre somos profundamente nutridos y atendidos.

Actos vibrantes y creativos

Cada pincelada que doy
es el rebosar de mi corazón más íntimo.
Sengai

Nuestra vida diaria cotidiana suele discurrir moviéndonos entre todo tipo de actividades, una tras otra... Muchas de ellas suceden de modo automático, las vivimos como algo conocido o rutinario, quizás juzgándolas inconscientemente como poco interesantes o carentes de valor. En otras, consideradas más importantes, nos implicamos intensamente.

De un modo u otro, moviéndonos en la vía horizontal de la existencia, la mente superficial dirige y administra con sus juicios la atención que ofrecemos a lo que hacemos. Así, toda la energía viva que invertimos al actuar, se suele perder en los circuitos del automatismo y no disfrutamos de ese despliegue de vitalidad siempre nuevo que supone cualquier acción. Ello nos cansa, pues lo que ocurre en realidad es que estamos siendo dirigidos por una identidad fícticia, un yo aislado, que busca mantenerse trabajosamente a través de sus actos y sus logros. Su mente utilitaria está enfocada en conseguir algo a través de su hacer y eso la mantiene enfocada en el futuro y desconectada del instante presente, donde se está dando la acción.

El cansancio que sentimos no proviene de lo que hacemos, sino del lugar desde el que nos movemos. Dejándonos guiar por el ego, todo es forzado y automático, las acciones resultan repetitivas y mentales y no podemos saborear la alegría que supone crear. Al hacer algo para conseguir o evitar otra cosa, no podemos degustar el acto en sí, vivir las experiencias que nos ofrece realmente.

Muy diferente es el hacer que surge de la consciencia viva del instante presente. Aunque nos hayamos dedicado a la misma actividad muchas veces, puede parecernos completamente nueva. Siempre es la primera vez y podemos sentirnos como niños entusiasmados, abiertos a cada momento. Asombro, intimidad, deleite, entusiasmo... Son las cualidades que brotan del hacer conectado con lo que somos, vida en constante renovación.

Es necesario recordar, una y otra vez, el presente. Soltar lo que creemos conocer sobre esto, dejar de lado las expectativas o posibles resultados y abordar este instante como si fuera el único instante. «Es la primera vez que realizo este gesto, me abro a descubrirlo». Nos abrimos por el simple deleite de experimentar, como lo haría un niño cuya mente inocente no sabe nada y se aventura a degustar cada detalle con toda su atención. El instante presente se convierte en un escenario perfecto para vivir las experiencias que creemos conocidas bajo una luz renovada, la luz del ahora. Y esto es, sencillamente, fascinante. Caminar, comer, hablar por teléfono, conducir, cocinar, desvestirnos, teclear en el ordenador... se nos ofrecen como espacios inéditos para experimentar la presencia que somos. Podemos cultivar esta presencia dedicando momentos no muy prolongados a disfrutarla. Explorando el placer de ser conscientes de tareas muy simples, como lavarnos las manos, dar unos pasos o sostener un objeto mientras lo movemos de un sitio a otro. Este disfrute de habitar íntimamente pequeñas acciones nos va conquistando y persuadiendo para extender la consciencia a más escenarios y actividades. Al notar que, soltando el automatismo y sumergiéndonos en la vivencia, nos sentimos más receptivos y llenos de energía, se desencadena el aprecio, que es una experiencia verdaderamente medicinal en nuestra vida. Y florece el agradecimiento hacia los más mínimos detalles del presente.

Sin embargo, aunque comprendemos esto fácilmente, dado el condicionamiento que nos guía, podría parecer difícil escaparnos de esa inercia que parece impregnar nuestras acciones. Aunque sabemos de esta posibilidad tan simple y accesible que se nos ofrece en el ahora, mientras sigamos identificados con una imagen ficticia de lo que somos, sus motivaciones subyacentes seguirán absorbiendo toda la energía y enfocándola fuera de este instante. Por muy buenas intenciones que tengamos de vivir en el presente, desde esa consciencia disminuida no es posible, de ahí nuestra frustración al intentarlo y no conseguirlo. No se le puede pedir a un personaje orientado a conseguir algo en el futuro que disfrute de la abundancia aquí presente, pues está condicionado para no verla y seguir buscando en otro sitio. Cuando nos confundimos con ese personaje, las tareas que desempeñamos sirven a unos objetivos muy personales y limitados. Al realizarlas, o bien nos involucramos desmedidamente esperando algo de ellas o bien las vivimos desmotivados y con desgana, al juzgarlas poco interesantes. En ambos casos nos sentimos igualmente desvitalizados, ya que nos separamos mentalmente de la vida.

¿Cómo conectar con la presencia en medio de este condicionamiento que parece contaminar nuestras actividades cotidianas?

Pues bien, en mi experiencia, con frecuencia necesito recordarme el objetivo o la intención de lo que voy haciendo. Todo radica en eso: ¿Para qué es? ¿A quién estoy sirviendo? Aunque este recordatorio pudiera parecer un poco forzado, en realidad lo verdaderamente artificioso ha sido el abandonar la espontaneidad del momento para recluir mis acciones en circuitos «conocidos», los de la rutina y la productividad, para servir a una identidad ficticia a través de mis acciones, que se alimenta de mis preciosas energías.

Necesito ofrecerme una pausa para preguntarme desde qué perspectiva estoy actuando: horizontal o vertical. Es decir, ¿estoy despreciando esto para buscar otra cosa más allá o quiero experimentar lo que hago desde la luz del instante presente, la perspectiva real de la existencia? Dicho aún de un modo más profundo..., ¿quiero que esto sea un acto rutinario que me mantenga en el mismo nivel de consciencia o bien puedo convertirlo en un modo de recordar mi esencia, propulsándome hacia la verdad de lo que soy? Estamos hablando de consagración, ni más ni menos. O, expresado de modo más simple, de dedicación.

Después de haber dejado durante tanto tiempo que los objetivos personales del ego dirijan nuestras acciones y absorban nuestras preciosas energías, se hace necesario detenernos y determinar conscientemente el verdadero objetivo de las situaciones que vivimos. Si elijo que lo que estoy viviendo sea dedicado al descubrimiento de lo que soy, a liberarme de lo falso, a contemplar lo real, todo lo que se presente en esa situación podré verlo como la forma idónea de acceder a ese propósito. En cambio, si dejo que la inercia de lo conocido dirija lo que sucede, los fines automáticos del *yo separado* seguirán determinando el modo de vivirlo. La verdadera apertura no podrá darse y la atención se verá recluida en los intereses, expectativas y temores de una vieja identidad con la que me confundí.

Usemos nuestra mente al servicio de la consciencia para recordarnos, una y otra vez, en medio de cualquier actividad o circunstancia: ¿Para qué estoy aquí? ¿Para qué quiero utilizar este momento? La respuesta automática es inmediata: «Estoy aquí para trabajar», «estoy aquí para darme una ducha», «estoy aquí para hablar por teléfono...». Sí, está claro, y no vamos a dejar de hacer todo eso.

Sin embargo, a un nivel más profundo, sé que estoy aquí para recordar la luz que soy, presencia viva que quiere expresarse en todo su potencial ahora mismo. A través de mi trabajo, mi ducha o mi conversación, puedo sumergirme en el océano de la consciencia que siempre está aquí. Así, mis acciones se convierten en una fuente extraordinaria de nutrición para la consciencia. El más mínimo gesto deviene una fuente de íntima felicidad que me encanta recrear, una felicidad que surge del corazón y va invadiendo mi vida.

«Regresa a tu propio fondo y ahí actúa, porque todas las obras que operas ahí son vivas», decía el Maestro Eckhart. El ofrecimiento siempre está aquí. La abundancia está servida en cada instante, en cada acción, si me abro a vivir lo que hago desde el corazón. Lo que antes me desgastaba, ahora me inspira profundamente; lo que antes eludía como la causa de mi agotamiento se convierte ahora en una fuente nutritiva de descubrimiento. En cada acto se presentan tantas oportunidades de sentir, observar, deleitarme, comprender, ahondar, cultivar la presencia... que no se me ocurre despreciar nada del fabuloso banquete que se me está ofreciendo en cada instante.

Y, desde esta comprensión, también es posible que surjan nuevas ideas, nuevas vías de acción, un despliegue de actividad renovada y profundamente creativa. Al dejar de alimentar los circuitos mentales de lo conocido, se libera una energía que queda disponible para crear, para realizar con entusiasmo aquello que surge como ideas inspiradas desde el corazón.

¿ACEPTAMOS?

Está justo delante de ti.
En este instante
se te está dando todo.
Yuangwu

A veces me pregunto por qué la experiencia de comer nos atrae tanto, nos ocupa tanto tiempo y le dedicamos tanta energía. Quizás sea porque comer es un símbolo o reflejo, en el mundo físico, de algo más profundo y precioso que estamos invitados a descubrir. Demasiado enfocados en los alimentos que comemos o bebemos, no nos damos cuenta de que la nutrición más potente se está dando siempre de modo natural, aquí y ahora.

«No solo de pan vive el hombre —decía Jesús— sino de toda palabra que sale de la boca de Dios». Es decir, nos nutren todas y cada una de las expresiones (palabras) de la vida, cargadas de su esencia. La existencia, como venimos comprendiendo, es un banquete, un enorme festín, repleto de experiencias que surgen para ser aceptadas, degustadas, masticadas e integradas, momento a momento. Cada instante está cargado de sabores, texturas, aromas, sensaciones, intuiciones, aprendizajes... que se nos ofrecen constantemente para desvelar en cada uno la íntima sustancia que lo constituye, la que de verdad puede nutrirnos y ponernos en contacto con la verdadera felicidad que somos.

Sin embargo, hipnotizados con los juegos de la mente, nos fugamos de este abundante festín perdiéndonos su inagotable riqueza. La mesa está siempre puesta. Y, como en aquella parábola de Jesús, encontramos mil excusas para eludir la fiesta.

Lo que sucede es que nos dejamos impresionar por las formas en las que se dan esas experiencias. Los juicios de la pequeña mente desacreditan enseguida lo que, en su apariencia, no es llamativo o agradable, lo que no considera valioso o califica de aburrido o ya conocido.

En el fondo, la consideración de la mente separada sobre el presente podría resumirse en un juicio que subyace a todos los demás: «esto no debería ser así». Adopta muchas variaciones: esto no es correcto, esto es insuficiente, no debería estar ocurriendo, yo no debería estar haciendo esto, este dolor no debería presentarse, estas personas no tendrían que estar diciendo lo que dicen...

¿Y si asumiéramos que todo lo que sucede es exactamente lo que tiene que suceder? De un plumazo cesarían todas las luchas, todo el estrés y la ansiedad de nuestro mundo y se abrirían las puertas de la paz.

Así de simple: esto es la voluntad de la vida. Y, cuando digo esto, me refiero exactamente a esto, a este espacio vivo e inmenso que, en este momento, está modulándose en formas muy concretas para mí: esta situación, estas personas, estas sensaciones, emociones, pensamientos y percepciones de mis sentidos. Esto es lo que la vida quiere ahora mismo. ¿Cómo puedo saberlo?: está aquí, está dándose en este instante para mí. La vida ya lo está permitiendo, lo ha aceptado plenamente.

Si lo miramos bien, quizás aquellas palabras de Jesús, «Tomad y comed, esto es mi cuerpo» tenían que ver con esta invitación a asumir la experiencia presente, tal y como se está dando. ¿Qué es un cuerpo? Un vehículo, un contenedor, un disfraz, llámalo como quieras, la forma que adopta la experiencia... No solo el pan, sino todo lo que percibimos es el cuerpo de la esencia, el vehículo a través del cual, en cada instante, la vida una se está expresando. O lo tomas o lo rechazas. Si lo tomas, recuperas el paraíso, la unidad con lo que es. Si lo rechazas, vuelves a tu infierno personal de lucha y separación.

Muy sencillo entonces: decido tomarlo, acepto la experiencia, me abro a vivirla, la abrazo con mi respiración dejando que surja la quintaesencia que me está siendo ofrecida a través de esta apariencia, quizás inadecuada para mi pequeña mente.

También es posible que lo que encuentre sea la total resistencia a aceptar esto, el persistente intento de librarme de ello o de trascenderlo para, por fin, estar bien... Y esto también es aceptado ahora. Esta es la forma resistente que aparece en ese gran cuerpo de la vida, invitándome a permitirla, a sentirla, a amarla, como ya lo está siendo.

Me abro a lo que sucede, a lo que está ya aquí. Ese dolor, ese pensamiento, esa discordia, ese malestar, ese placer, ese bienestar, ese impulso incontrolable... no es mío, no es personal, no me está sucediendo a mí. Esto que experimento está aquí para ser vivido, amado y reintegrado al gran todo, reconocido simplemente como una momentánea expresión del mismo.

No es «mi vergüenza», «mi miedo», «mi impotencia», «mi debilidad...». No me apropio de todo eso en un cuerpo-mente reducido y separado de la totalidad. Es en ella donde se están expresando y solo esperan un «sí», el mismo que la vida ya les está dando.

Decirles «no» y luchar para evitarlos es lo que me separa de ese gran sí cósmico que constantemente está siendo pronunciado, ese sí silencioso que es la nota fundamental de la existencia. En esa resistencia nos vemos privados de la energía que alienta a todas esas criaturas avergonzadas, asustadas, cansadas... y que solo buscan ser reconocidas como lo que son, expresiones inocentes de la vida. Buscan ser incluidas, buscan unión, espacio y acogida, comprensión.

Lo mismo podríamos decir cuando nos apegamos a esas otras experiencias que parecen ofrecernos algo que nos falta. Al apropiárnoslas y quererlas retener como «mi paz», «mi bienestar» o «mi éxtasis...» tampoco nos sentimos íntimamente nutridos, al vivirlas desde el temor a perderlas.

El único error consiste en tomarnos personalmente lo que aparece y utilizarlo para construirnos una identidad separada, que se perpetúa rechazando o apegándose a lo que sucede en el espacio abierto de la vida, que es nuestra constitución íntima y profunda, el sustrato en el que nuestros pequeños cuerpos aparecen.

«Tomad y comed, tomad y bebed». Para mí estas palabras son una invitación a abrirnos y participar de este festín abundante que es el instante presente; a unirnos a su constante fluir, a nutrirnos de sus formas en incesante cambio, a absorber su vitalidad sin rechazarlas ni apegarnos a ellas. Esa es la voluntad de la vida, que sus hijos se alimenten de ella sin miedo, extrayendo el elixir poderoso que cada instante les ofrece.

Todas las experiencias que vivimos, todas la texturas, colores, sabores, olores y sonidos que nos ofrecen los sentidos, todas las emociones, situaciones, relaciones que vivenciamos surgen del impulso irrefrenable de la consciencia que se descubre y se expresa a sí misma en el mundo de la forma, en una indisoluble unión. Y todas esas vivencias, si no interferimos desde la avidez del *yo separado* por apropiarse de todo, vuelven al origen, al corazón, que se nutre constantemente de la quintaesencia destilada en la experiencia.

Así surge el verdadero goce, el del ser, *ananda*. Nos sentimos expandidos. Comprendemos que cada detalle de nuestra experiencia, tome la forma que tome, es simplemente una puerta a la felicidad si es vivido desde la fuente de la que surge, la consciencia del corazón, la unidad.

La imagen del toroide es perfecta para comprender esto. Cuando llegó a mi vida hace años, me conmovió profundamente. Aún no entendía muy bien por qué. Es la forma, dicen, en que se mueve la energía en el universo: abriéndose al espacio y volviendo a su íntimo núcleo en el centro.

Desde el corazón, el profundo e insondable espacio de la conciencia, surgen todos los mundos, las innumerables expresiones de la vida, cargadas de la energía de la fuente. Bailan su danza y, sostenidas por su aliento, vuelven a reintegrarse en el origen. A él retorna todo, de él surge todo, en una inspiración y espiración constantes. Nada queda fuera, todo es abrazado por ese respirar del universo. El mismo movimiento toroidal se expresa en cada partícula, en cada molécula, en cada cuerpo humano, en cada planeta, en cada galaxia...

Según un estudio del Instituto HeartMath, el corazón emite un campo electromagnético alrededor de nuestro cuerpo siguiendo este movimiento toroidal. Ello me lleva a asumir que todas mis experiencias (percepciones, emociones, pensamientos, situaciones...) son la expresión de ese fluir dinámico de la energía que regresa siempre al corazón. Si, en lugar de apropiármelas mentalmente, las dejo moverse, puedo contemplar cómo esa energía retorna a su fuente de manera natural. Siento así mi unidad con ese dinamismo que surge de la conciencia silenciosa, de la que toma su energía y a la que siempre regresa. Es la respiración de la vida. Es el dinamismo de Shiva y Shakti, la danza de la conciencia y la energía, la unión de lo masculino y lo femenino de la que surgen todos los mundos.

¿Cómo no sentirnos nutridos, en comunión
con esta danza sagrada,
con esta energía que dinamiza y sostiene
nuestra existencia?
Se nos invita a fundirnos
con esta respiración que nos alienta,
a abrirnos desde ella al infinito océano de la abundancia,
volviendo a nuestro origen con ella,
a descansar en ese espacio silencioso
en el que todo se entrega,
a resurgir constantemente y extendernos,
abrazando desde el corazón
cada detalle de la presente experiencia.
Espirar, inspirar…
son los brazos del amor que todo lo envuelve,
pura expresión de nuestra esencia.

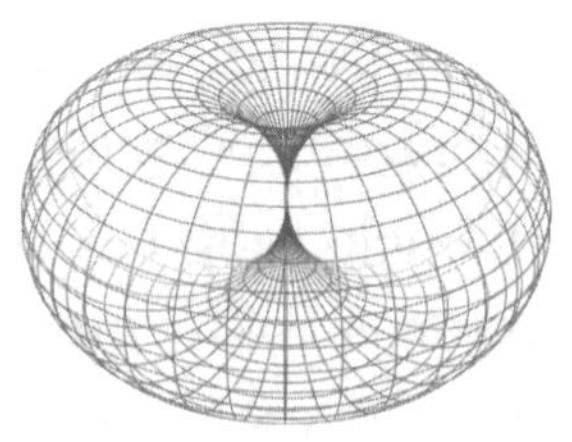

EPÍLOGO

Tras leer estas páginas, me detengo.
Silencio.
Todo lo escrito, todas las historias,
propuestas, descubrimientos e intuiciones que,
a través de las palabras vengo compartiendo,
apuntan a un lugar donde estas no existen.
Un espacio cálido y silencioso,
al que puedes acceder
desde el centro de tu pecho.
Desde ahí, lo que explico, es muy sencillo,
está simplemente sucediendo.
Desde el corazón, momento a momento,
se está dando la apertura a la vida.
Sucede, sin más, esa pura nutrición sin esfuerzo.

Nos lo muestra una flor, sin ir más lejos.
Mírala.
Desde su núcleo más íntimo, se abre al universo.
Desde que se inicia su gesto,

el espacio infinito se precipita en sus adentros.
Se extiende confiada desplegándose
en la luz que la envuelve.
Sabe que el amor es la sustancia
de ese espacio luminoso que la sostiene,
Suceda lo que suceda, en medio de todas
las intemperies,
se mantiene abierta.
No tiene que controlar la cantidad de luz,
de aire, de agua o de tierra… Se abre a ellas.
Su gesto, la apertura, lo es todo.
Es el gesto natural de la consciencia.
Respirar es solo eso, abrirnos al poderoso elixir
que satura cada detalle de nuestra experiencia.

¿Qué es este elixir? Para mí, el verdadero alimento, el *pan* al que quizás aludía Jesús cuando decía «Yo soy el pan de vida». Estas palabras no dejan de ser sorprendentes. Recordemos, eso sí, que cuando Jesús se expresaba en estos términos, utilizando las palabras «Yo soy», no aludía a su manifestación humana, a su persona, sino que hablaba desde la identificación con su naturaleza esencial, esa que todos compartimos.

¿No resulta curioso que use la palabra *pan* para describir esa conciencia profunda desde la que habla: «Yo soy el pan de vida»? ¿Cómo entender esto?

El *pan* es el símbolo del alimento que nos sostiene. Estas palabras me sitúan ante mi propia vida. Ella va mostrándome que, cuanto más unida me siento a ese profundo espacio del ser y menos enfocada en buscar algo que me llene en el mundo de las formas, más completa y sostenida me experimento. Sencillamente porque la verdadera vida es nutritiva en sí misma: sostiene y vivifica a todas las criaturas que surgen de ella y se mueven en ella.

Así se expresa en el Tao Te Ching: «Al Tao se le llama la Gran Madre. Vacío, pero inagotable. Da nacimiento a infinidad de mundos. Está siempre presente en tu interior. Puedes usarlo del modo que quieras».

El pan de vida es, para mí, esa energía primordial que todo lo constituye, de la que todo surge, inundando este instante como la clara luz que respiramos. Es la esencia luminosa que subyace a la aparente solidez de la materia e irradia a través de cada forma.

También decía Jesús: «El que come de este pan, vivirá eternamente». Es decir, el que permanece unido a la esencia, a su naturaleza profunda, mora en el instante eterno, sin estar sometido a los fenómenos cambiantes que van y vienen, a los avatares del tiempo.

Y añadía: «El que come de este pan, no tendrá más hambre». Se refería, seguramente, a esa hambre congénita del *yo separado*. Este, como hemos visto, es un yo hambriento que trata de llenar su sensación de carencia y de vacío en el mundo de los objetos, sin conseguirlo nunca. Ese es su drama, mientras recorre ansioso la línea horizontal de la existencia. El pan del que habla Jesús pertenece a otra perspectiva, la de la profundidad o «vertical»: «Yo soy el pan bajado del cielo». Cuando lo aceptamos, nos sentimos verdaderamente colmados, ya que comulgamos con el aliento sagrado del que todo está saturado, la sustancia esencial que todo lo anima. Desde ahí, solo podemos derramarnos, expresarnos, compartirnos.

Mi esencia, como la tuya, es *pan*, es decir, sustento y nutrición abundantes, la pura vida del ser. Vacía y espaciosa, como el cielo, es el verdadero alimento que necesitamos reconocer y, de modo natural, ofrecer.

La flor lo sabe. Abierta al espacio vivo, confiada, indisolublemente unida a él, olvidada de sí misma, es pura inspiración y deleite que se despliega para el todo.

Desde hace tiempo, cada flor que contemplo es mi maestra, me llena de inspiración, nutre mi alma al recordarme mi única función: abrirme confiada al infinito, dejarme sostener por el amor.

SOBRE LA AUTORA

La vida de Dora Gil es inspirada por un profundo anhelo de libertad. Desde muy niña, percibía un mundo que le pesaba y decepcionaba. Una íntima certeza de otra posibilidad más allá de la apariencia limitante de las cosas le lleva a dedicarse con pasión a profundizar en sí misma.

Estudia Psicología y Bellas Artes y recorre durante años escuelas de autoconocimiento que le ayudan a comprender la meditación como un modo natural de vivir. Enamorada del silencio, disfruta de muchos períodos de soledad en los que la autoindagación, el yoga, la exploración de la respiración y la nutrición se integran en una vida sencilla y dedicada al descubrimiento de lo interno.

Su creatividad, vehiculada durante un tiempo a través de la pintura, ahora se expresa en el encuentro profundo con el ser humano. Formada en terapia transpersonal y *mindfulness*, alterna sus sesiones privadas con cursos, charlas y retiros que ofrece periódicamente. Y en su intimidad, escribe. Siempre ha escrito… Su vida cotidiana, un laboratorio vivo de exploración de lo inmenso, está colmada de revelaciones que ahora comparte en este libro.